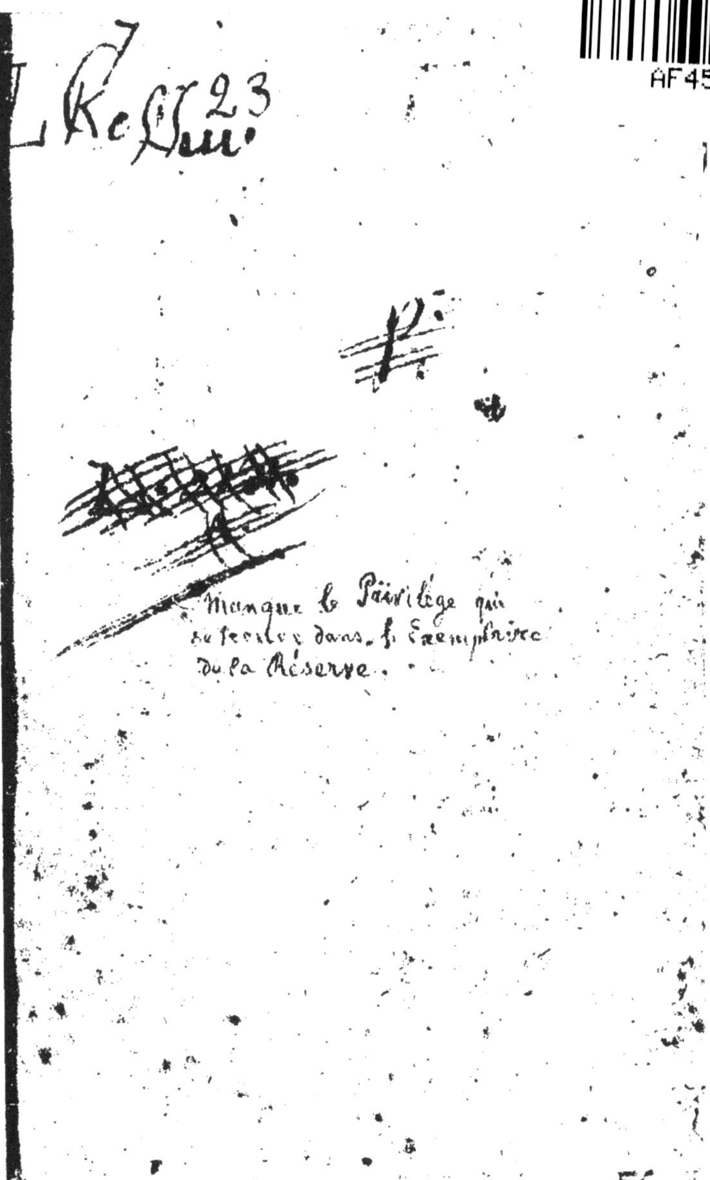
Manque le Privilège qui se trouve dans l'Exemplaire de la Réserve.

LIVRE DORÉ

DE L'HOSTEL DE VILLE DE NANTES.

A NANTES,
Chez JACQUES MARESCHAL, Premier Imprimeur du Roy, vis-à-vis le Puy-Lory.

M. D. C. XCVI.

AVEC PRIVILEGE DU ROY.

A MESSIEURS DE LA VILLE ET COMMUNAUTE' DE NANTES.

MESSIEURS,

Ce n'eſt pas un preſent, mais une reſtitution que je vous fais, en vous dédiant ce Livre. Il vous appartient abſolument: il a eſté tiré de vos Archives: C'eſt vous & vos Predeceſſeurs qui en compoſent la premiere partie, & la ſeconde contient les Privileges de cette Ville, que l'on peut dire être à vous, par les ſoins que vous prenez de les maintenir. Il n'y a du mien que l'impression, & l'envie de vous être utile. J'espere, MESSIEURS, que vous ne désaprouverez pas mon dessein, & que vous verrez avec plaisir les noms des Nobles Citoyens qui ont eu cy-devant le gouvernement de cette Ville, & de ceux qui la gouvernent à present. ils sont tous placez dans l'ordre de leur Reception, à commencer dés l'établissement de la Mairie. L'Erection de plusieurs Officiers hereditaires, qui s'est faite depuis, ne diminuë point le pouvoir de ceux qui sont électifs; mais ils concourent ensemble, & ils se prétent un secours mutuel pour policer, regir & gouverner cette Ville. Le merite de ces Grands hommes demande que l'on conserve leur memoire; & j'ai crû m'acquitter de ce devoir en donnant ce Receüil au public, & rendre service à tous les Habitans, en leur faisant connoître leurs Privileges, & ceux à qui ils ont l'obligation de les avoir obtenus. Rece-

vez, s'il vous plaist, ce témoignage de mon zele pour vôtre service & honorez de vôtre protection celui qui est avec un profond respect

MESSIEURS,

Vôtre tres-humble & tres-obéïssant Serviteur,

JACQUES MARESCHAL.

LIVRE D'ORÉ DE L'HOSTEL DE VILLE DE NANTES.

Ou Catalogue de Messieurs les Maires, Eschevins, Sindics, & Greffiers de ladite Ville, depuis l'érection de la Mairie du mois de Janvier 1559. jusqu'à present.

LE 28. jour de Novembre 1564. fut élu par Assemblée & Congregation generale, faite en la salle des Cordeliers, où se tenoit la Cour de Parlement.

Me Geoffroy Droüet sieur de Langle, pour Maire de la Ville de Nantes, & fut le premier Maire de Nantes.

Ses armes sont de gueule, à une rose d'or accompagnée de trois cœurs de même.

Par même assemblée faite audit lieu des Cordeliers, furent élus pour Eschevins au rang & ordre qui ensuit, pour le premier Eschevin fut élu.

Yves Rocas sieur de la Châlonniere, qui fut Sousmaire dudit Droüet.

Maire.

Me Geoffroy Droüet sieur de Langle.

Sousmaire.

Yves Rocas sieur de la Chalonniere.

Eschevins.

Jean le Lou sieur du Breil.
Robert Pillays sieur de Lessongere.
Jean Picaud sieur de la Mossetiere.
Antoine Demyrande.
Michel Loriot sieur du Fief.
Estienne Boucher sieur de la Berthelotiere.
François Salmon.
Me René Martin sieur de la Thomaziere.
Antoine Gravoil, sieur de S. Michel.

Tous lesquels furent mis & installez en la possession & jouissance de leurs charges & offices dans la maison de Ville aux changes de Nantes, au rang & ordre de leur nomination cy-dessus, par Monsieur Me Michel Dessefort Conseiller du Roy en sa

Cour de Parlement, le 25. jour d'Octobre l'an de grace 1564, & autres patentes pour cet effet, qui sont aux archives de la ville de Nantes.

Pour lors étoit Procureur des Bourgeois & Syndic de la Ville, Maître Guillaume Cato.

Et au même tems, fut Greffier des Bourgeois de ladite ville de Nantes. Maistre Guillaume Lebret.

Le 6. de Decembre en suivant 1564. Maître Julien Daulfy sieur de la Mulonniere, fut receu Probureur Syndic.

Le 21 jour de Janvier 1565. Sire Raoul Tessier sieur de la Sansonniere fut créé Eschevin, aprés le decés & en la place de feu Jean le Lou sieur Dubreil, & presta le serment en tel cas requis au bureau

Le dernier jour de Decembte 1565. en la Maison Commune de la ville de Nantes, où assistoient Messieurs les Maires & Eschevins, Droüet, Robert, Pillays, Anthoine Gravoil, François le Cerf, & autres fut éleu.

Yves Rocas sieur de la Chalonniere pour Maire de la ville, au lieu & en la place dudit Droüet qui sortoit de charge.

Les armes dudit Rocas sont d'azur, à un

croissant d'argent accompagné de trois étoilles d'or.

Et en l'endroit dudit Rocas, éleu pour Sousmaire Robert Pillays, lequel fit le serment en tel cas requis, & fut ledit Rocas deux ans Maire.

Le 2 jour de Janvier 1568. fut éleu pour Maire aprés ledit sieur de la Chalonniere.

N. H. Maître Mathieu André Docteur és droits sieur de Champeaux & du Tertre, ancien Avoçat en la Cour de Parlement de Bretagne.

Maire.

Maître Mathieu André sieur de Champeaux & du Tertre.

Sousmaire

Raoul Tessier sieur de la Sansonniere.

Les armes dudit André sont d'argent à un chevron de sable, accompagné de trois Tréfles de même.

Eschevins.

Guillaume Poullain.
Julien Boyleau.
Maître Robert Poullain sieur de Gesures.
François Arnolet sieur du Tertre.
Maître Jean Baril sieur de la Touche.
François Biré sieur de la Seraigerie.
Jacques Darande.
Maître Guillaume Gougeon.

Guillaume Bretagne.

Le 13. de Janvier 1568. fut créé pour Procureur, Maître Mathieu Michel ſieur de la Roche, en la place dudit Daulfi qui étoit à Rennes.

Le 24. jour de Decembre enſuivant furent élus pour Eſchevins Sire Guillaume Bretagne & Sire Jean Houget.

Le 8. jour d'Octobre 1568. Jean du Houſſay ſieur de la Clerіſſays, Commis de Maître Olivier Ernoul Greffier en chef, fut inſtirué Greffier & fit le ſerment en tel cas requis & accoutumé.

Le 23. jour de Decembre l'an 1569. fut éleu Maire par aſſemblée generalle. N. H. Pierre Cornulier ſieur de la Touſche, lequel le 28. du mois enſuivant fit le ſerment en ladite charge & fut deux ans Maire aprés ledit ſieur de Champeaux.

Les armes dudit Cornulier ſont d'azur à un chef de cerf boiſé d'or avec une hermine d'argent en chef en trois bezons en pointe de même.

Maire.

N. H. Pierre Cornulier ſieur de la Touche.

Souſmaire.

Maître Robert Poullain Souſmaire inſtitué par ledit Cornulier le ſeptiéme de Fevrier 1569.

Eschevins.

Jean Baril.
François Biré.
Guillaume Poullain.
Jullien Boyleau.
François Arnolet.
Jacques Darande.
Guillaume Gougeon.
Jean Houyet.
Guillaume Bretagne.

Le jour de Novembre 1569. aprés le decés de Guillaume Bretagne, fut éleu en sa place Pierre Potier, & par le decés de Potier, fut éleu Michel le Lou.

L'an 1570, à commencer le premier jour de Janvier fut éleu pour Maire, Maître Jean Morin sieur de la Marchandrie Avocat du Roy au siege Présidial.

Pour Soumaire éleu avec l'avis de Messieurs, Michel le Lou sieur Dubreil, le 28 de Janvier 1578.

Les armes dudit Morin sont d'argent à une chesne de sinople, ou au naturel avec un sanglier passant en pointe.

Maire.

N. H. Jean Morin sieur de la Marchandrie.

Sousmaire.

Michel le Lou sieur du Breil.

Eschevins.

Maître Pierre Billy sieur de la Grée Avocat.
Guillaume Lebret sieur de la Brandaiziere.
Nicollas Fyot sieur de la Riviere.
Jacques Davy.
Jean Quantin.
Gilles de Launay.
Jean Houyet.
Guillaume Bretagne.

Le 2. jour de Janvier 1571. Maître Jean Bizeul fut receu Greffier de la ville & présta le serment en tel cas requis.

Et fut reçu pour Procureur Syndic, au lieu de Maître Mathieu Michel, Maître Julien André Avocat au Siege Presidial, aux gages de 250. liv. monoye, le 14. jour de Septembre 1571.

Le 28. jour de Decembre 1571. fut éleu pour Maire, Me Guillaume Harouys.

Les armes dudit Harouys sont d'or à trois bandes de gueule, chacune chargée de trois têtes de Licornes d'or.

En la place de Monsieur Morin qui sortoit de charge, fut éleu pour Eschevin en la place d'Houyet.

Maître Jean Paul Mahé, lequel fit le serment en tel cas requis.

Maire.

Me Guillaume Harouys sieur de la Soilrays.

Sousmaire.

Michel le Lou sieur du Breil.

Eschevins.

Pierre Billy sieur de la Grée.
Jean Paul Mahé.
Nicollas Fyot sieur de la riviere,
Jacques Davy.
Gilles de Launay
Jean Houyet.
Guillaume le Bret.
Jean Quantin.
Guillaume Bretagne.

L'an 1572. ensuivant, fut éleu pour Maire en la place dudit Harouys.

Michel le Lou sieur du Breil.

Les armes dudit le Lou son de gueule à deux faces d'argent la premiere chargée de trois, & la seconde de deux étoilles de Sable.

Maire.

Michel le Lou sieur du Breil

Sousmaire.

Jean paul Mahé.

Eschevins.

Bonnaventure de Compludo sieur de Lyverniere,
Pierre Billy sieur de la Grée Avocat,
Aimé Adam sieur de Tartifume,
Jean Quantin,

Gilles

Gilles de Launay,
Bernard Desmonty,
Nicolas Fyot,
guillaume Lebret,

L'an 1573. ensuivant, fut éleu par assemblée generale pour Maire aprés ledit sieur Dubreil.

Monsieur Maistre Jacques grignon Conseiller du Roy en sa Cour de Parlement de Bretagne.

Les armes dudit Grignon sont d'argent, à trois roses de gueule enfoncées d'or.

Maire.

Monsieur Maistre Jacques grignon Conseiller du Roy en sa Cour de Parlement de Bretagne.

Sousmaire.

Maistre Jean Paul Mahé.

Eschevins.

Maistre François Symon sieur de la Folliette, qui ne voulut jamais accepter la charge.
Bernard Desmonty,
Alphonse le garec,
Jacques Bernard,
Jean gobin.
Aymé Adam sieur de Tartifume.
Pierre Darande

Laurens Charpentier.

Bonaventure de Complude Sr. de Lyverniere.

Pour lors étoit Procureur Maistre Philippe le Feuvre sieur du Vieil-Hôtel Avocat au siege, & par aprés fut encore ledit Michel sieur de la Bauche.

Et est à noter en cet endroit, que ledit sieur grignon de la grignonnays n'exerça point la charge de Maire à raison que la cour de Parlement dont il étoit l'un des Conseillers, luy fit défenses de non exercer ledit Etat, & pendant son tems faisoit la Charge Me Jean-Paul Mahé ; par aprés en l'an 1575. fut Maire,

Me Jean Boutin, Procureur de la Cour, & Grand Chambellan, Avocat en la Cour de Parlement.

Les Armes dudit Boutin sont d'azur, à une bande de Sable, accompagnée de deux étoilles d'or, l'une en chef, & l'autre en pointe.

Maire.

Me Jean Boutin, Procureur de la Cour,

Sousmaire.

Me Jacques Bernard, sieur de la Tremelliere.

Eschevins.

Bonaventure de Complude, sieur de Lyverniere.

Jean le Mercier.
Pierre Darande.
Alphonſe le Garec.
Jean Fruſneau.
Mᵉ François Symon ſieur de la Follietre.
Aymé Adam, ſieur de Tarrifume.
Jean Gobin.
Guillaume du Bot.
Laurens Charpentier Procureur Syndic.

Le Mercredy 28. jour de Decembre 1575. par Aſſemblée générale, fut élû pour Maire.

Mᵉ Robert Poulain, ſieur de Geſvres, Receveur des Foüages de Vennes, & fit le Serment le 2. jour de Janvier enſuivant 1576.

Les Armes dudit Poulain ſont de Sable, au ſautoir d'or, chargé d'une étoille de gueule.

Maire.

Mᵉ Robert Poulain, ſieur de Geſvres.

Souſmaire.

Jacques Bernard, ſieur de la Tremelliere.

Eſchevins.

Pierre Darande.
Guillaume du Bot.
Jean Fruſneau.
Alphonſe le Garec.
Jean le Mercier.
Jean Gobin.
François Symon, ſieur de la Follietre.

Bonaventure de Complude, sieur de Lyverniere.
Laurens Charpentier, Procureur Syndic.
Le Mercredy 22. de Février 1576. furent élûs pour Eschevins aux lieux de ceux qui sortoient, sçavoir,
Me Mathieu Michel, sieur de la Roche.
Me Philippes le Feuvre, Sr. du Vieil-Hôtel.
Jean Jarriguen.
Lesquels prêterent tous le Serment, le 27. jour de Février, & le second jour de Mars audit an.
Le Mercredy 2. jour de Janvier 1577. fut élû pour Maire,
Michel Loriot, sieur du Fief.
Et quatre Eschevins; sçavoir,
Me Gilles Bernard, sieur du Plessis, Avocat.
Sire Gatian Daragon, sieur de Belebat.
Sire Pierre Sucquet, sieur de la Caillere.
Julien Gazet, sieur de la Mocetiere.
Lesquels firent tous le Serment
Les Armes dudit Loriot sont d'azur, à une face d'argent, chargée de trois roses de gueule, accompaguée de trois étoilles d'or.
Maire.
Michel Loriot, sieur du Fief.
Sousmaire.
Jean Frustieau.

Eschevins.

Guillaume du Bot, sieur du Sas.
Mathieu Michel, sieur de la Roche.
Philipes le Feuvre, sieur du Vieil-hôtel.
Jean le Mercier, sieur de Portechaire.
Jean Jarniguen.
Gilles Bernard, sieur du Plessix.
Gatian Daragon, sieur de Belebat.
Julien Gazet, sieur de la Mocetiere.
Pierre Sucquet, sieur de la Caillere.

Le 29. jour d'Avril 1577. Me. Antoine Giraud, sieur de Clermont, fut élû Eschevin, en la place, & par le decez de Me. Gilles Bernard, sieur du Plessix.

Le 30. jour de Decembre 1577. fut élû Eschevin Me Estienne Boylesve Procureur & Notaire Royal en la place de Guillaume du Bot qui avoit fait son tems.

Le Jeudy. 2. jour de Janvier 1578. fut êleu pour Maire Me François Myron sieur de Villeneuve Conseiller du Roy, General de ses Finances en Bretagne ; en la place dudit Loriot qui avoit fait sa charge.

Les Armes dudit Myron sont de gueule, à une face d'or accompagnée d'une fleur à quatre feuilles d'or en chef, enfoncées de sable, & d'un Sanglier d'argent passant en pointe.

Maire.

Me François Myron sieur de Villeneuve.

Sousmaire.

Jean Frusneau.

Eschevins.

Jean le Mercier sieur de Portechaire,
Mathieu Michel sieur de la Roche,
Antoine Giraud sieur de Clermont,
Philippes le Feuvre sieur du Vieil-Hostel,
Gatian Daragon sieur de Belebat,
Julien Gazet sieur de la Briandiere
Jean Jarniguen sieur de Villevert,
Estienne Boylesve sieur de la Pageaudiere,

Le 23. jour de Juin 1578. fut élû pour Eschevin Jacques Marquez en la place de Frusneau qui avoit fait sa charge & presta le serment ledit jour, & pour Sousmaire en sa place fut éleu,

Me Mathieu Michel sieur de la Roche.

Le dernier jour de Septembre fut éleu N. H. Jean Rocas sieur de l'Abbaye pour Eschevin au lieu de Jean le Mercier, & fit le serment le même jour.

Par assemblée generale procedant à la maniere accoûtumée à l'élection d'un Maire nouveau, fut par l'avis de ladite assemblée continué encore ledit Myron, lequel accepta la charge le Lundy 29. de Decembre 1578.

Maire

Me François Myron sieur de Villeneuve.

Sousmaire

Me Mathieu Michel sieur de la Roche

Eschevins

Jean Jarniguen sieur de Villevert

Gatian Daragon sieur de Belebat

Julien Gazet,

Pierre Sucquet sieur de la Caillere.

Antoine Giraud sieur de Clermont,

Jacques Marquez sieur de la Branchoire,

Jean Rocas sieur de Labbaye,

Estienne Boylesve sieur de la Pageaudiere,

Philippes le Feuvre sieur de Vieil-Hostel,

En la place de Me Matthieu Michel, Philippes le Feuvre, & Jean Jarniguen, furent élus, Loüis Michel sieur de la Garnizon,

Me Julien Bidé sieur de la Bydeays,

Guillaume Laubier sieur de la Bourdrie,

Ledit Laubier presta le serment le 9. jour du mois de mars, & le 5. auparavant ils avoient été élûs, le 24. dudit mois ensuivant lesdits Michel & Bidé firent le serment.

En la place de sire Gatian Daragon qui avoit été Sousmaire aprés ledit sieur de la Roche,

Julien Gazet,

Pierre Sucquet,

Furent éleus en leurs places,

Mᵉ Jean Jallier Receveur des roüages sieur de la Renaudiere,

Jean Allaire,

Estienne Longueil,

Qui étoit le 20. du mois de Decembre 1579.

Le 28. de Decembre 1579. fut éleu par assemblée fort solemnelle & generale.

Mᵉ Antoine de Brenezay sieur de Carcoüet Avocat du Roy au siege Presidial à Nantes,

Et le Samedy 2. jour de Janvier 1580. ledit Brenezay presta le serment par devant Monsieur Myron précedent Maire qui lui bailla les clefs des Archives de la Ville.

Les Armes dudit de Brenezay sont marquées d'argent, à une face de gueule accompagnée de trois roses de gueule au pied & feüille de Sinople ou au naturel.

Estienne Longueïl & Jean Allaire cy-devant éleus presterent le serment par devant ledit sieur Myron.

Le 4. de Février 1580. fut éleu par ledit sieur de Carcouet Maire avec l'avis de la Compagnie pour Sousmaire,

Jean Rocas sieur de l'Abbaye, en la place dudit sieur Daragon & fit le serment en tel cas requis.

Le même jour fut éleu pour Eschevin en

la

la place de Me Iean Iallier prévenu de mort, & qui n'avoit presté le serment.

Iean le Garec sieur de Launay Contrôlleur des Finances du Roy en Bretagne, qui fit le serment.

Le 26. de May audit an, en la place de Me Antoine Giraud sieur de Clermont fut éleu Eschevin.

Me Jacques Rousseau sieur de la Gallopiniere Procureur en la Chambre de Comptes de Bretagne.

Le Jeudy 29. jour de Decembre 1580. en la place de Me Estienne Boylesve fut éleu Me Pierre Fournier Receveur des Foüages sieur de la Gantillerie, qui fit le serment en tel cas requis le 9. de Janvier ensuivant, par devant Monsieur de Lyverniere.

Le Mecredy 28. de Decembre 1580. à une heure de l'aprés midy, fut éleu pour Maire en la place dudit sieur de Carcoüet.

Bonaventure de Complude sieur de Lyverniere, lequel fut éleu en l'Assemblée, & presta le serment par devant Haut & Puissant Seigneur Réné de Tournemine, Chevalier de l'Ordre du Roy, Conseiller en son privé Conseil, Baron de la Hunaudays, Lieutenant Géneral de Sa Majesté en Bretagne, en la Maison de Ville, où étoit ladite Assemblée.

Les Armes dudit sieur de Complude, sont party au premier d'azur à une fleur de-Lys-d'or, au second de gueule, à une main issante d'argent portant une Croix de S. André d'or.

Le Lundy ensuivant 9. de Janvier Mᵉ Pierre Fournier Receveur de Foüages, cy-devant éleu Eschevin, presta le serment pardevant ledit sieur de Lyverniere Maire.

Maire.

Bonaventure de Complude sieur de Lyverniere.

Sousmaire.

Jean Rocas sieur de l'Abbaye.

Eschevins.

Jacques des Marques sieur de la Branchoire.
Guillaume Laubier sieur de la Bourdrie.
Jean Allaire.
Jean le Garec sieur de Launay.
Loüis Michel sieur de la Garnison.
Mᵉ Julien Bidé sieur de la Bidaye.
Mᵉ Estienne Longüeil sieur du Tertre.
Mᵉ Jacques Rousseau sieur de la Gallopiniere.
Mᵉ Pierre Fournier sieur des Gautelleries.

Le 28. jour de Decembre 1581. fut continué Maire dudit Nantes, ledit sieur de Lyverniere Bonaventure de Complude, pour l'année 1582.

Maire.

Bonaventure de Complude ſieur de Lyverniere.

Souſmaire.

Jean Rocas ſieur de l'Abbaye.

Eſchevins.

Jacques des Marques ſieur de la Branchoire.
Guillaume Laubier.
Jean Allaire.
Jean le Garec ſieur de Launay.
Loüis Michel ſieur de la Garniſon.
Julien Bidé ſieur de la Bidaye.
Eſtienne Longüeil ſieur du Tertre.
Jacques Rouſſeau ſieur de la Gallopiniere.
Pierre Fournier ſieur des Gautelleries.

Le 2. jour d'Avril 1582. fut éleu pour Eſchevin,

Sire Olivier de Couſſy ſieur de Launay, en la place de Jean Rocas.

Le 23. de Decembre audit an 1581. furent élûs pour Eſchevins.

Julien Rocas ſieur de la Noë Conſeiller du Roy, Tréſorier & Receveur Genéral des Finances en Bretagne.
André Ruys ſieur du Cartèron.

Au lieu & place des ſieurs Jean Allaire & Eſtienne Longüeil, & dés lors ledit Rocas fut éleu Souſmaire.

Le 28. de Decembre 1582. fut éleu pour Maire de la Ville de Nantes pour l'année 1583.

Me Claude Broſſard ſieur de la Trocardiere, Conſeiller du Roy & Lieutenant Civil & Criminel au ſiege Préſidial dudit Nantes, fut receu le 3. jour de Janvier. 1583.

Les Armes dudit Broſſard ſont de ſable à trois fuſées d'argent, poſées en face au Chef d'argent, chargé d'une étoile de gueule.

Maire.

Claude Broſſard ſieur de la Trocardiere.

Souſmaire.

Julien Rocas ſieur de la Noë.

Eſchevins.

Jean le Garec.
Jacques des Marques ſieur de la Branchoire.
Guillaume Laubier.
Loüis Michel ſieur de la Garniſon.
Julien Bidé ſieur de la Bidaye.
Pierre Fournier ſieur des Gautelleries.
Jacques Rouſſeau.
Olivier de Couſſy ſieur de Launay.
André Ruys ſieur du Carteron.

Le 2. jour de Juin 1583. fut éleu pour Eſchevin.

Me Jean Couſin ſieur de la Mariere Conſeiller du Roy & Auditeur de ſes Comptes en Bretagne, en la place de Me Jean le Garec.

Le 10. jour d'Octobre audit an 1583. fut élû pour Eschevin.

Me Pierre André sieur du Tertre, en la place de Me Jacques Rousseau sieur de la Gallopiniere; lequel André ne fut qu'environ deux mois Eschevin.

Le 1. jour de Decembre audit an 1583. fut éleu Eschevin.

Me Jean Gazet sieur de la Tour, en la place dudit Me Pierre André sieur du Tertre.

Le 27. de Février 1584. fut receu Eschevin.

Me Estienne Maillard Conseiller du Roy & Auditeur des Comptes de Bretagne.

En cette année 1584. fut avisé que doresnavant, que du nombre de dix Eschevins, il n'y en auroit plus que six, & le Maire comme a été commencé au precedent.

Le jour de audit an, ledit Me Pierre André sieur du Tertre, fut institué Procureur des Bourgeois de ladite Ville.

Le 28. jour dudit mois de Decembre audit an 1583. fut élû pour Maire pour l'année 1584.

Sire Antoine Gravoil sieur de Saint Michel, & presta le serment le jour de Janvier audit an.

Les Armes dudit Gravoil sont d'argent, à un cœur de gueule, accompagné de quatre lettres posées aux quatre quartiers de l'écu D. J. E. V. c'est à dire, mon cœur en Dieu.

Maire.

Sire Antoine Gravoil sieur de S. Michel.

Sousmaire.

Julien Rocas sieur de la Noë.

Eschevins.

Olivier de Coussy sieur de Launay.
André Ruys sieur du Carteron.
Jean Cousin sieur de la Mariere.
Jean Gazet sieur de la Tour.
Estienne Maillard sieur de la Mingaye.

Le 28. jour de Decembre 1584. fut éleu pour Maire de Nantes.

Sire Jacques des Marques sieur de la Branchoire pour l'année 1585. & presta le serment le 2. jour de Janvier audit an.

Les Armes dudit des Marques sont d'azur, à une Croix de S. André d'or, couchée vers le chef, & cantonnée au chef, & aux deux côtez de trois Bezans & en pointe, est chappé d'argent chargé d'un lyon, passant de gueule.

Maire.

Sire Jacques des Marques sieur de la Branchoire.

Sousmaire.

Julien Rocas sieur de la Noë.

Eschevins.

Olivier de Coussy sieur de Launay.
André Ruys sieur du Carteron.
Jean Cousin sieur de la Mariere.
Jean Gazet sieur de la Tour.
Estienne Maillard sieur de la Mingaye.

Le 15. jour de Juillet audit an 1585. fut éleu pour Eschevin.

Sire Julien Chupeau en la place dudit Launay de Coussy.

Le 28. jour de Decembre 1585. fut élû Maire Sire Jean Fruneau sieur de la Noë pour l'année 1586. & presta le serment le 2. jour de Janvier audit an.

Les Armes dudit Fruneau sont d'argent à deux faces d'azur, consommées de trois pieces passées en pol d'une Croix au milieu de l'écu & en chef & en pointe d'une étoile, le tout de gueule.

Le 13. desdits mois & an, furent éleus & receus Eschevins.

Les sieurs Santo-Domingue.

Me Jean Cosnier sieur de la Botiniere Advocat en la place des sieurs de la Noë, Rocas, & André Ruys.

Le 21. desdits mois & an, fut éleu pour Sousmaire ledit sieur de Launay, Jean le Garec, qui ne fut en ladite Charge que les cinq premiers mois de ladite année.

Le 1. jour de Iuin audit an 1586. fut éleu pour Sousmaire pour le reste de ladite année

Me Jean Gazet sieur de la Tour.

Maire.

Sire Jean Fruneau sieur de la Noë.

Sousmaire.

Me Jean le Garec sieur de Launay.

Eschevins.

Jean Gazet sieur de la Tour.
Jean Cousin sieur de la Mariere.
Estienne Maillard sieur de la Mingaye.
Julien Chupeau.
Jean de Santo-Domingue.
Jacques Cosmier sieur de la Botiniere.

Le 19. jour de Juin 1586. fut éleu & receu Eschevin.

Sire Jean Luseau, en la place du sieur de la Mariere.

Le 28. jour de Decembre 1586. fut continué Maire ledit Jean Fruneau sieur de la Noë pour l'année ensuivante 1587.

Le 25. de Février 1587. fut receu Eschevin

Me Jean Fourché sieur de la Courousserie, Conseiller du Roy & Auditeur en la Chambre des Comptes de Bretagne.

En la place dudit sieur de la Tour Gazet.

En

En ladite année 1587. fut receu le dernier de Juin, en la Charge de Greffier de la Ville Me Jean Bodin Notaire Royal de la Cour de Nantes, en la place de feu Me Guillaume Bodin son frere.

Maire.

Iean Frusneau, sieur de la Noë.

Sousmaire.

Etienne Maillard sieur de la Mingaye.

Eschevins.

Iulien Chupeau.
Iean de Santo-Domingue.
Iacques Cosnier, sieur de la Botiniere.
Iean Fourché sieur de la Couroussérie.

Le 3. jour de Iuillet 1587. fut éleu pour Sousmaire.

Ledit sieur de la Couroussérie, Jean Fourché, Conseiller du Roy, & Auditeur en sa Chambre des Comptes de Bretagne.

Le 10. de Septembre audit an, furent éleus pour Eschevins.

Me Artur Desmelliers, Avocat.
René Touzelin, sieur de la Bonnetiere, en la place des sieurs de la Mingaye Etienne Maillard, & Iean Luzeau.

Le 28. jour de Decembre 1587. fut éleu pour Maire pour l'année 1588.

Charles Harpüis sieur de l'Espinay Conseiller

du Roy, & Président au siege Présidial de Nantes &c, prêta le Serment le 4. jour de Ianvier dudit an.

Les Armes dudit Haroüis sont d'or, à trois bandes de gueules chacune chargée de trois têtes de Licornes d'or, au tasque de front.

Maire

Charles Haroüis, sieur de l'Espinay.

Sousmaire.

Iean Fourché, sieur de la Couroussérie.

Eschevins.

Iulien Chuppeau.
Iean de Santo-Domingue.
Iacques Cosnier, sieur de la Botiniere.
Artur Desmelliers.
René Touzelin, sieur de la Bonnetiere.

Le 4. jour de Iuillet audit an 1588. fut éleu pour Eschevin.

Me Guillaume d'Achon, sieur de la Ragotiere, en la place de Iulien Chuppeau.

Le 21. jour de Février 1589. fut éleu pour Eschevin.

N. H. Iean Tullaye, sieur de la Iaroussaye Conseiller du Roy, & Auditeur en la Chambre des Comptes de Bretagne, en la place dudit Cosnier.

Le 28. jour de Decembre audit an 1588. fut continué pour Maire pour l'année suivante 1589.

Ledit sieur Haroüis, Président-Présidial, prêta le Serment le 2. jour de Janvier audit an 1589. lequel sieur Haroüis ne continua en ladite Charge que jusqu'au 7. d'Avril ; parce qu'en ladite année le 15. de Mars le sieur Duc de Mercœur s'étant déclaré contre le Roy Henry III. & pris les armes contre Sa Majesté pour la Ligue ; lequel ledit jour 7. d'Avril audit an 1589. fit mettre prisonnier ledit sieur Haroüis avec les autres Officiers qui se voulurent dire serviteurs du Roy, & tenans son party audit Nantes ; & depuis ledit 7. d'Avril jusqu'à la fin de l'année n'y eut aucun Maire, & demeura ledit sieur de la Couroufferie Sous-Maire le reste de ladite année.

Maire.

Charles Haroüis, sieur de l'Espinay.

Sousmaire.

Jean Fourché, sieur de la Couroufferie.

Eschevins.

Jean de Santo-Domingue.
Artur Desmelliers.
René Touzelin, sieur de la Bonnetiere.
Guillaume d'Achon, sieur de la Ragotiere.
Jean Tullaye, sieur de la Jarouffaye.

Le jour de 1589. fut élû Eschevin Etienne Poulain, & fut en la place du sieur de Santo-Domingue.

Le 28. jour de Decembre 1589. fut élû pour Maire pour l'année 1590.

Me Pierre André, sieur du Tertre, & prêta le Serment le 2. de Janvier audit an 1590.

Les Armes dudit André sont d'argent, au chevron de sable, accompagné de trois treffles de même.

Le Jeudy 8. jour de Mars audit an 1590. furent receus Eschevins.

Julien Boucher, sieur de la Bertelotiere.

Sebastien du Gué, sieur du Boislorens, en la place des sieurs de la Couroussérie, & de la Ragotiere d'Achon.

Le 10. jour d'Avril audit an ledit Sebastien du Gué fut élû Sousmaire.

Maire.

Me Pierre André, sieur du Tertre.

Sousmaire.

Sebastien du Gué, sieur du Boislorens.

Eschevins.

Artur Desmelliers.

René Touzelin, sieur de la Bonnetiere.

Jean Tullaye, sieur de la Jaroussaye.

Etienne Poulain.

Julien Boucher, sieur de la Bertelotiere.

Le 28. jour de Decembre 1590. fut continué Maire en l'Assemblée générale de ladite Ville de Nantes.

Me Pierre André, ſieur du Tertre pour l'année 1591. & prêta le Serment le 2. jour de Janvier audit an.

Le 7. jour de Janvier audit an 1591. fut élû Eſchevin.

Sire Mathurin Gebaud, en la place du ſieur Deſmelliers.

Ledit jour de Janvier audit an 1591. fut éleu pour Eſchevin.

Me Pierre Rioteau, ſieur de la Pilardiere en la place de René Touzelin, ſieur de la Bonnetiere.

Maire.

Pierre André, ſieur du Terrre.

Souſmaire.

Sebaſtien du Gué, ſieur du Boislorens.

Eſchevins.

Jean Tullaye, ſieur de la Jarouſſaye.
Etienne Poulain.
Julien Boucher, ſieur de la Bertelotiere.
Mathurin Gebaud.
Pierre Rioteau, ſieur de la Pilardiere.

Le 28. jour de Decembre 1691. fut élû pour Maire.

Jean Laubier, ſieur de la Chauſſée pour l'année 1692. & prêta le ſerment le 2. de Janvier audit an.

Les Armes dudit Laubier ſont d'argent, à trois grilles de ſable.

Le 11. jour de May audit an 1692. fut élû pour Eschevin,

Me Loüis Pechin, en la place de Jean Tullaye, sieur de la Jaroussaye.

Maire.

Jean Laubier, sieur de la Chaussée.

Sousmaire.

Sebastien du Gué, sieur du Boislorens.

Eschevins.

Etienne Poulain.
Julien Boucher.
Mathurin Gebaud.
Pierre Rioteau.
Loüis Pechin.

Le 6. jour de Juillet 1992. fut élû pour Eschevin Me Julien Michel, en la place de Etienne Poulain.

Le 18. Jour de Decembre 1692. led. Laubier, sieur de la Chaussée, fut continué Maire pour l'an 1693.

Maire.

Jean Laubier, sieur de la Chaussée.

Sousmaire.

Sebastien du Gué, sieur du Boislorens.

Eschevins.

Julien Boucher.
Mathurin Gebaud.
Pierre Rioteau.

Loüis Pechin.
Julien Michel.

Le 21. jour de Juin 1593. Sire François Macé, sieur de la Valée, & René Mocquard, sieur de la Potterie, ont été receus en la place des sieurs Sebastien du Gué, & Julien Boucher.

Le 28. jour de Novembre audit an 1593. fut encore continué Maire pour l'année 1594. ledit sieur de la Chaussée Laubier, & prêta le Serment le 3. jour de Janvier 1594.

Le 17. jour de Janvier audit an 1594. le sieur Gebaud fut élû pour Sousmaire, & n'exerça cette Charge que jusqu'au 4. de Juillet ensuivant.

Le 4. de Juillet audit an 1594. Loüis Pechin fut élû Sousmaire, en la place dudit Gebaud.

Maire.

Jean Laubier, sieur de la Chaussée.

Sousmaire.

Mathurin Gebaud.

Eschevins.

Loüis Pechin.
Pierre Rioteau.
Julien Michel.
François Macé, sieur de la Valée.
René Mocquard, sieur de la Potterie.

Le 26. jour de May 1594. furent élûs pour Eschevins.

Me Bernardin Despinoze.

Me François Caris, en la place des sieurs Gebaud & Rioteau.

Le 28. jour de Decembre 1594. fut élû pour Maire dudit Nantes pour 1595. Sire Guillaume du Bot, sieur de Launay, & prêta le Serment le 2. jour de Janvier audit an.

Les Armes dudit du Bot sont d'azur, à une Croix d'or, chargée d'un cœur de gueule, accompagné de trois Croissans d'argent, ayant prés de leurs pointes trois étoiles d'or.

Maire.

Guillaume du Bot, sieur de Launay.

Sousmaire.

Loüis Pechin.

Eschevins.

Julien Michel.

François Macé, sieur de la Valée.

René Mocquard, sieur de la Potterie.

Bernardin Despinoze.

François Caris.

Le 7. jour de Septembre audit an 1595. ont été élûs Eschevins Christophle le Vavasseur, sieur du Tertre.

Bonaventure d'Eredye, en la place de Pechin & Michel.

Le

Le 28. jour de Decembre audit an 1595. fut continué Maire pour l'année 1596. Ledit de Launay du Bot.

Maire.

Guillaume du Bot, sieur de Launay.

Sousmaire.

Loüis Pechin.

Eschevins.

Julien Michel.
François Macé, sieur de la Valée.
René Mocquard, sieur de la Potterie.
François Caris.
Christophle le Vavasseur, sieur du Tertre.
Bonaventure d'Eredye.

Le 8. jour de Juillet 1596. furent receus pour Eschevins.

Me Pasquier Nicollon, sieur de la Chasseloire.

Sire Pierre Langlois, en la place de François Macé & René Mocquard.

Le 28. jour de Decembre 1596. fut élû pour Maire.

Jean Fourché, sieur de la Courousserie, Conseiller du Roy, & Auditeur en sa Chambre des Comptes de Bretagne, pour l'année 1597. & prêta le Serment le 2. jour de Janvier audit an.

Les Armes dudit Fourché sont d'azur, au che-

cron d'or, avec deux Lyons d'argent, mordez, affrontez au chef, & une molette d'esperon de même, en pointe.

Maire.

Iean Equrchel, sieur de la Courousserie.

Sousmaire.

Bernardin Despinoze.

Eschevins.

François Caris.
Christophle le Vavasseur sieur du Tertre.
Bonaventure d'Eredye.
Pasquier Nicollon, sieur de la Chasseloire.
Pierre Langlois.

Le 11. jour d'Aoust 1597. furent receus pour Eschevins.

Martin le Brun, sieur de la Roüaudiere, Avocat.

Sire Pierre Poulain, en la place des sieurs Despinoze & d'Eredye.

Le 16. jour d'Octobre au dit an 1597. fut élû pour Eschevin.

Me Jean Bernard, sieur de Bellanton, en la place de Me François Caris, prévenu de mort.

Le 18. jour de Novembre audit an 1597. fut élû & continué pour Maire.

Le sieur de la Courousserie, pour l'année 1598. & prêta le Serment le . . Janvier audit an ; lequel sieur de la Courousserie ne fit l'exercice de ladite Charge que jusques au premier jour de May audit an 1598. le Roy étant en cette Ville de Nantes, fut élû pour Maire le sieur de Harroüis, Président Présidial, & furent ôtez tous les Eschevins, cy-devant de leurs Charges, & ne demeura que les cy-aprés nommez.

Le premier jour de May 1598. le Roy étant à Nantes, voulut qu'il fut fait de nouveau élection d'un Maire & Eschevins ; & pour cela faire, ordonna que l'Assemblée de la Ville seroit faite ledit jour, & à l'avenir à pareil jour ; & encore que le sieur de la Courousserie fût Maire en ce tems-là, néanmoins le sieur de Harroüis, Président Présidial fut élû Maire pour le reste de ladite année 1598.

Ledit premier jour de May 1598. furent élûs pour Eschevins.

Pierre Blanchet, sieur des Fougeres, Conseiller du Roy au Siége Présidial de Nantes.

Guillaume Marcel, sieur de Maupas, Conseiller du Roy, & Auditeur en sa Chambre des Comptes.

Eschevins.

Michel Loriot, sieur de la Bergerie, Senéchal des Regaires dudit Nantes.

Pasquier Nicollon, sieur de la Chasseloire.

Martin le Brun, sieur de la Roüaudiere, Avocat.

Me Antoine Bariller, Maître de la Monnoye dudit Nantes.

Lesquels Maire & Eschevins étant élûs furent au Château trouver Sa Majesté, entre les mains de laquelle ils prêterent le Serment, en presence de Monsieur le Chancelier.

Me Guillaume d'Achon, sieur de la Ragotiere, fut élû Procureur des Bourgeois de la Ville, ledit premier jour de May audit an 1598.

Et ledit Bodin Greffier fut continué en ladite Charge par l'avis du Bureau, auquel la direction en appartient.

Sousmaire.

Pierre Blanchet, sieur de Fougeres.
Guillaume Marcel, sieur de Maupas.
Michel Loriot, sieur de la Bergerie.
Pasquier Nicollon, sieur de la Chasseloire.
Martin le Brun, sieur de la Roüaudiere.
Antoine Bariller, sieur du Sas.

Par le Reglement fait par Sa Majesté à son arrivée en cette Ville de Nantes, en ladite année 1598. il ordonna que doresnavant l'Assemblée de Ville se feroit au premier jour de May, pour la nomination & élection d'un Maire, & qu'en ladite Assemblée seroient nommées trois personnes capables de ladite charge de Maire, & six autres personnes capables d'être Eschevins, lesquelles nominations seroient envoyées à Sa Majesté pour sur iceluy nombre de personnes, prendre un des trois qu'il lui plaira pour Maire, & des autres six personnes pour Eschevins, en prendre deux qu'il lui plaira pour demeurer en l'année suivante en la place de ceux qui sortiront de la charge, par ce qu'il est ainsi porté par ledit Reglement.

Suivant lequel au mois d'Avril 1599. Sa Majesté manda audits Maire, Eschevins, & assemblée de ville qu'ils eussent en leur assemblée qu'ils feroient le 1. jour de May ensuivant à nommer au nombre des trois qu'ils devoient élire pour envoyer à Sadite Majesté pour Maire, le sieur de la Bouchetiere, Gabriel Hus Tresorier des Etats de son pays de Bretagne & Receveur des foüages de l'Evêché de Saint Malo, de quoy ils auroient fait quelque difficulté à l'occasion que Sa Majesté ne trouvant pas bon ladite difficulté qu'avoient fait lesdits Maire, Eschevins, & assemblée de ville denomma ledit Hus se souvenant Sadite Majesté des bons services que ledit Hus lui avoit fait au pays tant en ce Royaume que hors icelui ordonna & voulut de sa Puissance absoluë que ledit Gabriel Hus fût Maire de ladite ville de Nantes pour ladite année laquelle intention entenduë par lesdits Maire, Eschevins, & assemblée de la ville le 14. Juin audit an 1599. ledit Hus fut receu en ladite charge de Maire pour ladite année.

10 Ledit jour de Juin 1599. furent receus Eschevins & préterent le serment par devant ledit Hus sieur de la Bouchetiere.

Me Guillaume Davy sieur de la Gueriniere Advocat en la Cour de Parlement de Bretagne.

11 Sire Laurent Madeleneau sieur de la Templerie en la place, desdits sieurs de la Chasseloire Nicollon & de la Rouaudiere le Brun.

Les Armes dudit Hus, sont, porte d'argent à une bande à gueule accompagnée de six Merlettes de même avec un casque de Profil.

Maire

Gabriel Hus sieur de la Bouchetiere,

Sousmaire.

Pierre Blanchet sieur des Fougeres,

Eschevins.

Guillaume Marcel sieur de Maupas,

Michel Loriot sieur de la Bergerie,
Antoine Bariller sieur du Sas
Guillaume Davy sieur de la Gueriniere,
Laurent Madeleneau Sieur de la Templerie,

Le 1. jour de May 1600. lesdits Gabriel Hus sieur du Bois & de la Bouchetiere, pensionnaire du Roy, Receveur des Foüages de l'Evêché de S. Malo, Tresorier de Messieurs des Etats de Bretagne, fut élu & continué Maire pour l'année ensuivant qui finira le 1. jour de May 1601.

Ledit jour furent élus pour Eschevins, Me Mathurin Simon sieur de Creviac Avocat en la Cour de Parlement de Bretagne,

Sire Pierre Bourboullon sieur de la Roche en la place desdits sieurs Loriot & Bariller,

Maire.

Gabriel Hus sieur du Bois.

Sousmaire.

Pierre Blanchet sieur des Fougeres,

Eschevins.

Guillaume le Marcel sieur du maupas
Guillaume Davy sieur de la Gueriniere,
Laurent Madeleneau sieur de la Templerie
Mathurin Symon sieur du Creviac,
Pierre Bourboullon sieur de la Roche,

Le 1. jour de May 1601. en l'Assemblée

generalle fut éleu Maire.

Ecuyer Julien Laurent sieur de Leraudiere Conseiller du Roy Alloüé & Lieutenant general de Nantes au lieu & place du sieur de la Boucheriere Hus le 25. jour de Juin ensuivant audit an.

Ledit jour furent aussi receus pour Eschevins.

Noble homme Michel Juchaud Sr de la Bourderie Conseiller du Roy & Auditeur de ses Comptes en Bretagne,

Me François le Marié sieur de la Barbarie Alloüé des Regaires de Nantes aux lieux & places des sieurs des Fougeres Blanchet & Maupas Marcel.

Les Armes dudit Laurent sont d'argent, a un.... De sinople ou au naturel.

Maire.

Julien Laurent sieur de la Leraudiere Alloüé de Nantes,

Soûsmaire.

Guillaume Davy sieur de la Gueriniere,

Eschevins.

Laurent Madeleneau sieur de la Templerie Marchand,

Mathurin Symon sieur de Creviac,

Pierre Bourbouillon sieur de la Roche Marchand

Michel

Michel Juchaud sieur de la Bourdrie ;
François le Marié sieur de la Barbarie,

Le 1. jour de May en 1602. en l'Assemblée generale tenuë en la maison cõmune de Ville.

Le sieur de Leraudiere fut nommé pour être continué en ladite charge de Maire en ladite année en laquelle il fut receu suivant la volonté du Roy le 11. Juin pour l'année finissante au 1. jour de May 1602.

Ledit jour 10. de Juin 1602. furent aussi receus pour Echevins N. H. François Boux sieur du Teil Conseiller du Roy au siege Presidial de Nantes, honnorable homme Imbert Dorleans sieur de Beauvoir Marchand, aux lieux & places des sieurs de la Gueriniere Davy & de la Templerie Marchand.

Maire.

Julien Laurens sieur de Leraudiere Alloüé de Nantes.

Sousmaire.

Mathurin Simon sieur de Creviac,

Eschevins.

Pierre Bourboullon Sr de la Roche Marchand,
François Boux sieur du Teil,
Michel Juchaud sieur de la Bourdrie.
François le Marié sieur de la Barbarie.
Imbert Dorleans Sr de Beauvoir Marchand.

Le 1. jour de May 1603. en l'assemblée de

Ville tenuë en l'Hôtel de Ville commun d'icelle fut nommé pour ladite charge de Maire pour l'année commençante le 1. jour de May finissant pareil jour de l'an 1604. N.H. Yves le Lou sieur du Breil Conseiller du Roy Mᵉ de ses Comptes en Bretagne, lequel fut receu en ladite Charge, suivant la volonté du Roy le 1. jour de Juin audit an, en la place dudit sieur de Leraudiere.

Les Armes dudit sieur le Lou sont de gueule à deux faces d'argent la premiere chargée de trois, & la deuxiéme de deux étoilles de sable.

Ledit jour furent aussi reçûs en la Charge d'Echevins.

Mᵉ. François Touraine Senéchal du Chapitre.

Mᵉ. Morice Catreux sieur de la Papionniere Doyen de la Faculté de Medecine,

Aux lieux & places des sieurs de Creviac & Bourboullon Marchand.

Maire.

Yves le Lou sieur du Breil.

Sousmaire.

Michel Juchaud sieur de la Bourdrie.

Eschevins.

François le Marié sieur de la Barbarie.

François Boux sieur du Teil.

Imbert Dorleans sieur de Beauvoir Marchand.

François Touraine Senéchal du Chapitre.
Morice Catreux sieur de la Papionniere.

Le premier jour de May 1604. en l'Assemblée generale tenuë en ladite Maison Commune, fut nommé ledit sieur du Breil, pour être continué en ladite Charge de Maire pour l'année commençante ledit premier jour de May, finissante à pareil jour en l'an 1605. en laquelle il fut reçû suivant la volonté du Roy le 8. Juillet audit an 1604.

Ledit jour furent reçûs pour Echevins N. H. Pierre Monnier sieur de la Fresnaye, Conseiller du Roy, Auditeur des Comptes N. H. Jean le Breton sieur du Fresne aussi Conseiller du Roy au Siége Présidial de Nantes, aux lieux & places des sieurs Juchaud & le Marié, suivant la même volonté de sadite Majesté.

Maire.

Yves le Lou sieur du Breil.

Sousmaire.

François Boux sieur du Teil.

Eschevins.

Imbert Dorleans sieur de Beauvoir Marchand.
François Touraine Senéchal du Chapitre.
Maurice Catreux sieur de la Papionniere.
Pierre Monnier sieur de la Fresnaye, Auditeur des Comptes.

Jean le Breton sieur du Fresne, Conseiller au Siége.

Le premier jour de May en l'an 1605. en l'Assemblée Genérale tenuë en l'Hôtel Commun de la Ville fut nommé pour Maire N. H. Claude Cornullier sieur de la Touche, Conseiller du Roy, Genéral des Finances en Bretagne, lequel fut reçû suivant la volonté du Roy le Mercredy 13. Juillet audit an.

Les Armes dudit Cornullier sont d'azur à un Chef de Cerf brisé d'or, avec une Ermine d'argent en chef, & trois Bezons de même en pointe.

Ledit jour furent aussi reçûs Echevins.

Pierre Davy sieur de la Botardiere, Conseiller du Roy & Auditeur de ses Comptes.

Iean Sandon sieur de la Jussonniere, Marchand aux lieux & places des sieurs François Boux sieur du Teil & Imbert Dorleans sieur de Beauvoir Marchand.

Maire

Claude Cornullier sieur de la Touche, Genéral des Finances.

Sousmaire.

François Touraine Senéchal du Chapitre.

Eschevins

Maurice Catreux sieur de la Papionniere Docteur en Medecine.

Pierre Monnier sieur de la Fresnaye, Auditeur des Comptes.

Jean le Breton ſieur du Freſne, Conſeiller au Siége.

Pierre Davy ſieur de la Boutardiere.

Jean Sandon ſieur de la Juſſonniere.

Le Lundy troiſiéme de Juillet 1606. en l'Aſſemblée Generale tenuë en ladite Maiſon Commune de ladite Ville fut miſe la continuation dudit Cornullier ſieur de la Touche en l'Office de Major pour exercer ledit Office juſqu'au premier jour de May de la prochaine année que l'on dira 1607. & ce ſuivant la volonté du Roy.

Ledit jour troiſiéme Juillet furent élûs pour Echevins.

Guillaume Bernard ſieur de Portriq.

Michel Couperie ſieur de la Cariſiere ; aux lieux & places des ſieurs François Touraine, Senéchal du Chapitre de Nantes, & de Maurice Catreux.

Maire.

Claude Cornullier ſieur de la Touche, General des Finances en Bretagne.

Souſmaire.

Pierre Maurice ſieur de la Freſnaye, Auditeur des Comtes.

Eſchevins.

Jean le Breton ſieur du Freſne, Conſeiller au Siége.

Pierre Davy sieur de la Boutardiere Auditeur des Comptes.
Jean Sandon sieur de la Jussonniere Marchand.
Guillaume Bernard sieur de Portric.
Michel Couperie sieur de la Cariziere Marchand.

Le premier jour de May en l'an 1607. en l'Assemblée Generale de la Ville tenuë en l'Hôtel commun de la Ville, fut nommé pour Maire, Michel Loriot sieur de la Nouë Senéchal des Regâires, lequel fut reçû en ladite charge suivant la volonté du Roy le 3. de Juillet audit an 1607.

Les Armes dudit Loriot sont d'azur à une face d'argent chargée de trois roses de gueule, accompagnée de trois étoilles d'or, avec le casque en profil.

Ledit jour furent élûs pour Echevins Me. Jacques d'Achon sieur des Rigaudieres, Conseiller au Siége de Nantes.

Me. Morice du Foüay Sr de la Ferronniere.

Me. Mathurin Guyho Avocat en la Cour, fut élû Procureur Syndic des Bourgeois de ladite Ville le premier jour de May audit an 1607.

Maire.

Michel Loriot sieur de la Noüe Senéchal des Regaires.

Sousmaire.

Pierre Davy sieur de la Boutardiere Auditeur des Comtes.

Eschevins.

Jean Sandon sieur de la Justonniere.

Guillaume Bernard sieur de Portrie.

Michel Couperie sieur de la Cariziere Marchand.

Jacques d'Achon sieur des Rigaudieres Conseiller au Siége.

Maurice du Foüay, sieur de la Ferronniere.

Du Mercredy troisiéme de Septembre 1608. fut admise la continuation dudit Loriot Senéchal des Regaires en l'Office de Maire suivant la volonté du Roy, & ce en l'Assemblée Genérale tenuë en la maison Commune de la Ville.

Le premier jour de May audit an furent élûs pour Echevins en l'Assemblée Commune de la Ville Pierre Gauvain sieur de la Jousseliniere Marchand.

Jacques Bouriau sieur des Champs-neufs Marchand, aux lieux & places de Pierre Davy sieur de la Boutardiere, & Jean Sandon Marchand.

Maire.

Michel Loriot sieur de la Noüe Senéchal des Regaires.

Sousmaire.

Guillaume Bernard sieur de Portric.

Eschevins.

Michel Couperie sieur de la Cariziere.

Jacques d'Achon sieur des Rigaudieres Conseiller au Siége.

Morice du Foüay sieur de la Ferronniere.

Pierre Gauvain sieur de la Jousseliniere Marchand.

Jacques Bouriau sieur des Champs-neufs Marchand.

Le premier jour de May 1609, en l'Assemblée Generale de la Ville tenuë en l'Hôtel Commun d'icelle, fut nommé pour Maire René Charete sieur de la Bretonniere, Conseiller du Roy & Senéchal de Nantes, lequel fut reçû suivant la volonté du Roy en ladite charge le 15. de Juillet audit an 1609.

Les Armes dudit Charete sont d'Argent, à un Lyon de sable, armé & lampassé de gueule, accompagné de trois Canettes de sable en pointe, bectées & portées de gueule, timbrées d'un Casque en profil.

Ledit jour furent élûs pour Echevins Jacques Grandamy, Me. particulier de la Monnoye.

Jacques Merceron sieur de la Mauguitonniere Marchand, aux lieux & places de Guillaume

laume Bernard sieur de Portric & Michel Couperie sieur de la Cariziere Marchand.

Maire.

René Charete Sr de la Bretonniere Conseiller du Roy & Senechal de Nantes.

Sousmaire.

Jacques d'Achon sieur des Rigaudieres Conseiller au siege.

Eschevins.

Maurice Dufoüay sieur de la Feronniere.

Pierre Gauvain sieur de la Jousseliniere Marchand.

Jacques Bouriau sieur des Champs-neufs.

Jacques Grandamy Maistre particulier de la Monnoye.

Jacques Merceron sieur de la Mauguitonniere Marchand.

Le 1. jour de May 1610. en l'Assemblée Generale tenuë en la Maison commune fut nommé ledit sieur de la Bretonniere pour être continué en ladite charge de Maire pour l'année commançant ledit 1. jour de May & finissant à pareil jour de l'année prochaine en laquelle il fut receu suivant la volonté du Roy, le 6. jour d'Aoust audit an 1610.

Ledit jour furent receus pour Eschevins, Claude Guischard Sr de Bouteville conseiller du Roy au siege.

Michel Ragaud sieur de la Hautiere contrôlleur General pour le Roy en la Prevôté dudit Nantes. En la place de Jacques d'Achon sieur des Rigaudieres conseiller au siege, & Maurice Dufoüay sieur de la Ferronniere.

Me Mathieu Guyho Avocat en la Cour a été continué Procureur Syndic de ladite Ville lesdits jour & an que dessus.

Maire.

René Charete sieur de la Bretonniere.

Sousmaire.

Pierre Gauvain sieur de la Jousseliniere, Marchand.

Eschevins.

Jacques Bouriau sieur des Champs-Neufs, Marchand.

Jacques Grandamy, Maître de la Monnoye.

Jacques Merceron sieur de la Mauguitonniere.

Claude Guischard sieur de Bouteville, conseiller du Roy au Siege.

Michel Ragaud, Sieur de la Hautiere, contrôlleur General pour le Roy en la Prevôté dudit Nantes.

Le premier jour de May 1611. en l'Assemblée Générale de la Ville, tenuë en l'Hôtel commun d'icelle, fut nommé pour Maire, Jean Blanchard sieur de Lessongere, conſeiller du Roy, & Procureur de Sa Majeſté en la Senéchauſſée & Siege Royal de Nantes, lequel fut reçû ſelon la volonté du Roy en ladite charge le 26. jour de Juillet audit an 1611.

Les Armes dudit Blanchard ſont d'azur à une face d'argent accompagnée de cinq Bezans d'or, deux en Chef, & trois en pointe timbrées d'un Caſque de front.

Ledit jour furent élûs pour Eſchevins Alain le Fevre, ſieur du Pont, Conſeiller du Roy, & Auditeur des comptes,

Pierre Faſcheu ſieur du Geneſtay, Marchand, aux lieux & places de Pierre Gauvain ſieur de la Jouſſeliniere, & Jacques Bouriau ſieur des Champs-Neufs.

Maire.

Jean Blanchard ſieur de Leſſongere, Conſeiller & Procureur du Roy à Nantes.

Souſmaire.

Jacques Grandamy maître de la Monnoye.

Eſchevins.

Jacques Merceron ſieur de la Mauguitonniere.

Claude Guiſchard Sieur de Bouteville Conſeiller du Roy au Siege.

Michel Ragaud ſieur de la Hautiere, Contrôlleur General pour le Roy en la Prevôté dudit Nantes.

Alain le Fevre Sieur du Pont, conseiller du Roy, & Auditeur des comptes.
Pierre Facheu Sr. du Genestay.

Le premier jour de May 1612. en l'Assemblée Generale tenuë en la Maison Commune de la Ville de Nantes, ledit Blanchard Sieur de Lessongere fut nommé pour être continué en ladite charge de Maire pour ladite année, commençant en May 1612. & finissant en l'an 1613. en laquelle il fut reçû selon la volonté du Roy le 15. de Juillet audit an 1612.

Ledit jour furent élûs pour Eschevins François Bourgogne Sieur de Vieille-Court, Conseiller du Roy au Siege Presidial de Nantes.

Jean Couperie sieur de la Bougerie Avocat en la Cour és places de Jacques Grandamy Maître de la Monnoye, & Jacques Merceron sieur de la Mauguitonniere.

Maire

Jean Blanchard Sr. de Lessongere, conseiller du Roy, & son Procureur General en la chambre des comptes de Bretagne.

Sousmaire.

Claude Guischard Sr. de Bouteville, Conseiller du Roy au Siege Presidial de Nantes.

Eschevins.

Michel Ragaud sieur de la Hautiere, Contrôlleur General pour le Roy en la Prevôté dudit Nantes.

Alain le Fevre Sr. du Pont, Conseiller du Roy, & Auditeur des Comptes.

Pierre Fascheu sieur du Genestay.

François Bourgogne Sieur de Vieillecourt, Conseiller du Roy au Siege Presidial de Nantes.

Jean Couperie sieur de la Bougerie Avocat en la Cour.

Noms des Maires & Eschevins nommez & reçûs suivant la volonté du Roy en l'Assemblée Generale de la Maison commune depuis le premier jour de May 1613. jusqu'en l'année 1629. avec le jour de leurs receptions & prestations de serment, le premier commençant le 12. d'Aoust 1613.

Les Armes de Loüis Charete sont d'argent au Lyon de Sable, armé & lampassé de gueule, accompagné de trois Canettes de Sable, becquetées & pattées de gueule, timbrées d'un Casque de profil.

Maire.

Loüis Charete Sr. de la Coïniere Senéchal de Nantes.

Sousmaire.

Alain le Fevre Sr. du Pont Auditeur des comptes.

Eschevins.

Pierre Faſcheu Sr. du Geneſtay, Marchand.

François Bourgogne ſieur de Vieillecourt, Conſeiler au Siege.

Jean Couperie ſieur de la Bougerie Avocat.

Guillaume de Briollay ſieur de la Rougeraye, Avocat du Roy au Siege.

Pierre Bedeau Docteur en Medecine.

François Touraine ſieur de la Bernerie Avocat, reçû en la Charge de Procureur Syndic du 12. Juillet 1614.

Maire.

Loüis Charete ſieur de la Coliniere, Senéchal de Nantes.

Souſmaire.

François Bourgogne ſieur de Vieillecourt, Conſeiller du Roy au Siege.

Eſchevins.

Jean Couperie ſieur de la Bougerie Avocat.

Guillaume de Briolay, ſieur de la Rougeraye, Avocat du Roy au Siege.

Pierre Bedeau Docteur en Medecine.

François Berthelot ſieur de la Guyonniere, Conſeiller audit Siege.

Charles Maillard Sieur du Pleſſis, Avocat du 22. Juin 1615.

Maire.

Pierre Bernard ſieur de la Turmeliere, Preſident en la Chambre des Comptes.

Souſmaire.

Pierre Berthelot , ſieur de la Guyonniere, Conſeiller au Siege.

Eſchevins.

Charles Maillard ſieur du Pleſſis, Avocat.

Nicodeme Monnier , ſieur de Bonaqueſt, Marchand.

Guillaume Le Marié ſieur de la garniſon Procureur au Siege.

René Nideler, ſieur du Bois-chaplais, Marchand.

Nicolas de la Pellonye, ſieur du Droüillay, Marchand.

François Touraine ſieur de la Bernerie Avocat, continué en la charge de Procureur Syndic du 18. jour de Juillet 1617.

Maire.

André Morin ſieur du Bois , Lieutenant de Nantes.

Ses Armes ſont d'argent à un Cheſne de Synople ou au naturel planté dans un Terrain de méme avec un Sanglier de Sable paſſant au pieds timbrez d'un Caſque de Profil.

Souſmaire.

Nicodeme Monnier ſieur de Bonaqueſt.

Eſchevins

Nicolas de la Pellonye ſieur du Droüillay, Marchand.

Guillaume le Marié sieur de la Garnison, Procureur au Siege.

René Nidelet sieur du Bois-chaplais, Marchand.

Jean de la Fuye sieur de la Nantaizerie, Procureur au Siege.

Antoine Guybour sieur de Launay, Receveur General des Decimes.

Du 7. Aoust 1618.

Maire.

André Morin sieur du Bois, Lieutenant de Nantes.

Sousmaire.

Guillaume le Marié sieur de la Garnison Procureur au Siege Presidial de Nantes.

Eschevins.

René Nidelet sieur du Bois-chaplais, Marchand.

Jean de la Fuye de la Nantaizerie Procureur au Siege.

Antoine Guibour sieur de Launay, Receveur General des Decimes.

François Grandamy, Auditeur des Comptes.

Jean Giffard sieur de la Chavriniere, Receveur des Foüages.

Du 11. Juin 1619.

Maire.

Alexandre Charete, Sieur du Pellan, Senéchal de Nantes.

Sousmaire

Ses Armes sont d'argent à un Lyon de sable armé & lampassé de gueule accompagné de trois Cannettes de sable, becquetées & patées de gueule, timbrées d'un Casque en profil.

Sousmaire.

Jean de la Fuye sieur de la Nantaizerie, Procureur au Siege de Nantes.

Eschevins.

Antoine Guibour sieur de Launay, Receveur General des Decimes.

François Grandamy Auditeur des comptes.

Jean Giflard sieur de la Channiniere, Receveur des Foüages.

Gilles Bonamy sieur de la Greé, Conseiller au Siege.

Michel Pillays sieur de la Noë, Marchand.

François Touraine sieur de la Bernerie Avocat, continué en la Charge de Procureur Syndic.

Du 27. jour de Juillet 1620.

Maire.

Alexandre Charete sieur du Pellan Senéchal de Nantes.

Sousmaire.

François Grandamy Auditeur des comptes.

Eschevins

Jean Giflard sieur de la Channiniere, Receveur des Foüages.

Gilles Bonamy ſieur de la Greé, Conſeiller au Siege.
Michel Pillays ſieur de la Noë, Marchand.
Jean Goulet ſieur du Pin, Marchand.
Rolland Gyraud ſieur de la Caſſemichere, Marchand.

Du 14. Juin 1621.

Maire.

Jacques Raoul ſieur de la Guibourgere, Senéchal de Nantes.

Ses Armes ſont de ſable à un poiſſon d'argent, accompagné de quatre annelets de même, trois en Chef poſées en face, & un en pointe timbré, de Porfil.

Souſmaire.

Gilles Bonamy ſieur de la Greé, Conſeiller au Siége.

Eſchevins.

Michel Pillays ſieur de la Noë, Marchand.
Jacques de Bourgues ſieur de la Jaunais, Marchand.
Julien Roueſné ſieur de la Feuvrie, Marchand.

Du 23. jour d'Aouſt 1622.

Maire.

Jacques Raoul ſieur de la Guibourgere, Senéchal de Nantes.

Sousmaire.

Jean Goulet sieur du Pin.

Eschevins.

Rolland Giraud sieur de la Cassemichere, Marchand.

Jacques de Bourgues sieur de la Jaunais, Marchand.

Julien Rouesné sieur de la Feuvrie, Marchand.

Pierre Despinoze sieur des Angles, Conseiller au Siege.

Pierre Poulain sieur du Houssea, Avocat du Roy au Siege.

François Touraine Avocat continué en la Charge de Procureur Syndic.

Du 10. *Juillet* 1623.

Maire.

Loüis de Harouys sieur de la Seilleraye, President en la Chambre des comptes.

Sousmaire.

Jacques de Bourgues sieur de la Jaunais, Marchand.

Eschevins.

Julien Rouesné sieur de la Feuvrie, Marchand.

Pierre Despinoze sieur des Angles, Conseiller au Siege.

Pierre Poulain, sieur du Housseau, Avocat du Roy au Siege.

Pierre Madéléneau sieur de la Templerie Auditeur des Comptes.

René Moulin sieur du Bois-Allard, Greffier des Regaires.

Jean Lyrot sieur du Chastellier, Avocat reçû en la charge de Procureur Syndic par le decez de deffunt François Touraine.

Maire.

Loüis de Harouys sieur de la Seilleraye, Président en la Chambre des Comptes.

Ses Armes sont d'or à trois bandes de gueule chargées de trois têtes de Lycornes d'or, timbrées d'un Casque de front.

Sousmaire.

Pierre Despinoze sieur des Angles, Conseiller au Siege.

Eschevins.

Pierre Poulain sieur du Housseau, Avocat du Roy au Siege.

Pierre Madéléneau sieur de la Templerie, Auditeur des Comptes.

René Moulin Sieur du Bois-Allard, Greffier des Regaires.

Ollivier du Breil sieur de Champ-cartier Procureur du Roy à la Prevôté.

Jacques le Breton Sieur de la Rousseliere, Greffier de la Chambre des Comptes.

Du 25. d'Aoust 1625.

Maire.

Messire Jean de Harouys, Seigneur de l'Espinay, President au Siege Presidial de Nantes.

Ses Armes sont d'or à trois bandes de gueule, chacune chargée de trois tétes de Licornes d'or, timbrées d'un Casque de front.

Sousmaire.

Pierre Madéléneau Sieur de la Templerie, Auditeur des comptes.

Eschevins.

René Moulin sieur du Bois-Allard, greffier Regaires.

Ollivier du Breil sieur du Champ-Cartier, Procureur du Roy à la Prevôté.

Jacques le Breton sieur de la Rousseliere greffier de la Chambre des Comptes.

Antoine du Fouay sieur de la Bastardiere, Conseiller du Roy au Siége Presidial de Nantes.

Du dernier jour d'Aoust 1626.

Maire.

Messire Jean de Harouys Seigneur de l'Espinay, President au Siege Presidial de Nantes.

Sousmaire.

Olivier du Breil sieur de champ-cartier, Procureur du Roy en la Prevôté.

Eschevins.

Jacques le Breton sieur de la Rousseliere, Greffier de la Chambre des comptes.

Pierre le Masle sieur de Juigné Auditeur des Comptes.

Antoine du Fouay sieur de la Bastardiere, Conseiller au Siege Presidial.

Sebastien Viau sieur de la Civeliere, Conseiller audit Siege.

François Noblet sieur de Lespau, Receveur General du Taillon.

Jean Lyrot sieur du Chastellier continué en la Charge de Procureur Syndic.

Du 26. Juillet 1627.

Maire.

René Mesnardeau Seigneur du Perray, Conseiller du Roy Alloüé, & Lieutenant General de Nantes.

Ses Armes sont d'azur à trois têtes de Lycornes d'or.

Sousmaire.

Pierre le Masle Sieur de Juigné Auditeur des comptes.

Eschevins.

Antoine du Fouay sieur de la Bastardiere, Conseiller au Présidial de Nantes.

Sebastien Viau sieur de la Civeliere Conseiller audit Siege.

François Noblet sieur de Lespau, Receveur

Genéral du Taillon.

René Spadinc ſieur de la Laudiere, Conſeiller audit Siege Preſidial de Nantes.

Mathurin de Couſſy ſieur de Launay, Marchand.

Du 26. de Juin 1628.

Maire

René Meſnardeau, Seigneur du Perray, Conſeiller du Roy, Alloüé, & Lieutenant Genéral de Nantes.

Souſmaire.

Sebaſtien Viau ſieur de la Civeliere, conſeiller au Siege.

Eſchevins.

François Noblet ſieur de Leſpau, Receveur Genéral du Taillon.

René Spadinc ſieur de la Laudiere, Conſeiller du Roy au Siege.

Mathurin de couſſy ſieur de Launay, Marchand.

René Chupin ſieur du Pleſſis-Renard, Marchand.

François Cailleau ſieur de la Moſſetiere, Marchand.

Le 1. jour de May 1629. en l'Aſſemblée Genérale tenuë en la Maiſon commune de la Ville de Nantes, René de la Tulaye, Eſcuyer ſieur de Beliſle, Conſeiller du Roy,

& Maître ordinaire de ses comptes, fut nommé Maire de ladite Ville, lequel fut reçû le Mardy 18. jour de Septembre audit an suivant la volonté du Roy.

Ledit jour furent aussi reçûs Jean Charete, Escuyer Sieur de la Ramée en Prinqueau, Conseiller au Siege.

Guillaume Michel sieur de Chambriend, aux lieux & places des sieurs de la Civeliere & de Lespau.

Maire.

René de la Tulaye Sieur de Belisle, Maître des comptes.

Ses Armes sont d'or au Lyon de gueule timbrées d'un Casque de front.

Sousmaire.

René Spadine sieur de la Laudiere, Conseiller au Présidial.

Eschevins.

Mathurin de Coussy sieur de Launay, Marchand.

René Chupin sieur du Plessis-Renard, Marchand.

François Cailleau sieur de la Mossetiere, Marchand.

Jean Charete sieur de la Ramée, Conseiller au Siege Presidial de Nantes.

Guillaume Michel Sr. de Chambriend, Marchand.

Le

Le jour de May 1630. en l'Assemblée generale tenuë en la Maison commune de la ville de Nantes.

Ledit sieur de la Tulaye Escuyer sieur de Belisle Conseiller du Roy Me Ordinaire de ses Comptes en Bretagne, fut nommé pour être continué en ladite charge de Maire pour ladite année, commençant ledit 1r de May en finissant au 1r. de May 1631. en laquelle il fut reçû le 29. d'Octobre suivant les lettres de volonté du Roy.

Ledit jour furent aussi reçûs suivant l'ordre porté par les lettres de Sa Majesté,

Mathurin François, sieur de Beausoleil Marchand

Me François Garreau sieur de l'Hommeau Avocat en la Cour de Parlement & Procureur Fiscal des Regaires, aux lieux & places des sieurs de Laudiere Spadinc & de Launay de coussy.

Maire.

René de la Tulaye sieur de Belisle Conseiller du Roy & Maître particulier de ses Comptes.

Sousmaire.

René Chupin sieur du Plessix Renard Marchand.

Eschevins.

François Caillaud sieur de la Mossetiere Marchand.

Jean Charete sieur de la Ramée en Prinqueau Conseiller au siege Presidial.

Guillaume Michel sieur de chambriand Marchand.

Maturin François sieur de Beausoleil Marchand.

François Garreau sieur de l'Hommeau Avocat & Procureur Fiscal des Regaires.

Le Mardy 19. d'Aoust 1631. en consequence de la nomination du premier jour de May dernier, & c'est en vertu des lettres de Sa Majesté, en tres solemnelle Assemblée, & avec tres-grand applaudissement a été institué en la charge de Maire de la ville.

Maire.

N. H. Me. Guillaume Blanchard Seigneur de la Chapelle conseiller & Procureur du Roi au siege Presidial & Senéchaussée de Nantes, Maire.

Ses Armes sont d'azur, à une face d'argent, accompagnée de cinq bezans deux en chef & trois en pointe.

Sousmaire.

Ecuyer Jean charete sieur de la Ramée Conseiller du Roy audit siege,

Eschevins.

Guillaume Michel sieur de Chambriand Marchand.

François Garreau sieur de l'Hommeau Avocat en la Cour & Procureur Fiscal des Regaires de Nantes.

Maturin François sieur de Beau-soleil Marchand.

Jean Allaire sieur de la Rablaye Conseiller du Roy Tresorier des Chartres de Bretagne.

Jacques Guiton sieur du Verger Procureur au siege Presidial.

Le Mardy 6. de Juillet 1632. a été par continuation receu en ladite charge de Maire pour ladite année, suivant les lettres de Sa Majesté.

Maire.

Le sieur Guillaume Blanchard Seigneur de la Chapelle Conseiller du Roy & son Procureur audit siege.

Sousmaire.

François Garreau sieur de l'Hommeau Avocat en sa Cour & Procureur Fiscal des Regaires de Nantes.

Eschevins.

Maturin François sieur de Beau-soleil Marchand.

Jean Allaire sieur de la Rablais Conseiller du Roy Tresorier des Chartres de Bretagne.
Jacques Guiton sieur du Verger Procureur au siege Presidial.
Jacques Bidé sieur de la Rairie Conseiller du Roy au siege Presidial de Nantes.
Pierre Despinoze sieur du Sauzay Marchand.
Jean Couperie sieur des Joncheres, Avocat en la Cour fut receu en la charge de Procureur Sindic, au lieu de Me. Jean Lirot sieur des Chatelliers Avocat en la Cour.

Du 16. d'Aoust 1633.

Maire.

René Bernard Seigneur de la Turmeliere, Conseiller du Roy Alloüé & Lieutenant General de Nantes.

Sousmaire.

Jean Allaire sieur de la Rablais Conseiller du Roi Tresorier desdits Chartres de Bretagne.

Les armes dudit Bernard sont d'argent à une tour de sable couverte de gueule sur un terroir de sinople timbrée d'un casque de front.

Eschevins.

Jacques Guiton sieur du Verger Procureur au siege Presidial.
Jacques Bidé sieur de la Rairie Conseiller du Roy au siege Presidial de Nantes.

Pierre Despinoze sieur du Sauzay Marchand.
Guy Frain sieur de la Marquerais Conseiller du Roy au siege Presidial de Nantes.
Jean Poullain sieur du Housseau

Du Mardy 26. de Septembre 1634.

Maire.

André du Bot Seigneur de la Grand'hais Conseiller du Roy, Juge Magistrat Criminel de Nantes.

Ses Armes sont d'azur, à une Croix d'or perie de tous côtés chargée d'un cœur de gueule accompagnée de trois croissans d'argent fermans dans leurs pointes trois étoilles d'or timbrées d'un casque de front.

Sousmaire.

Jacques Bidé sieur de la Rairie Conseiller du Roy au siege Presidial de Nantes.

Eschevins.

Pierre Despinoze sieur du Sauzay Marchand.
Guy Frain sieur de la Marquerais Conseiller du Roy au siege Presidial de Nantes.
Jean Poullain Sieur du Housseau
Michel Butet sieur de la Panetier Conseiller & Secretaire du Roi & Receveur des Fouages de Nantes.
Pierre Langlois sieur du Breil.

Du Lundy 4. Fevrier 1636.

Maire.

André du Bot Seigneur de la Grand'hais.

Sousmaire.

Guy Frain sieur de la Marquerais Conseiller du Roi au siege Presidial de Nantes.

Eschevins.

Jean Poullain sieur du Housseau.

Michel Butet sieur de la Pannetiere conseiller & Secretaire du Roy & Receveur des Foüages de Nantes.

Pierre Langlois sieur du Breil.

Estienne Bidé sieur de la Prévôté Conseiller du Roy au siege Presidial de Nantes.

Jean Doudard sieur de la Grée Conseiller du Roy & Receveur General du Taillon en Bretagne.

Jean Couperie sieur des Joncheres Avocat en la cour continué en la Charge de Procureur & Sindic.

Du Mardy 9. jour de Decembre 1636.

Maire.

Messire René charete Seigneur de la Bretonniere Conseiller du Roi & Senechal de Nantes.

Ses Armes sont d'argent au Lyon de sable & lampassé de gueule accompagné de trois Canettes de sable bequetées & patées de gueule, timbrées d'un casque de front.

Sousmaire.

Michel Butet sieur de la Pannetiere Conseil-seiller, Secretaire du Roy & Receveur des Fouages de Nantes.

Eschevins.

Pierre Langlois sieur du Breil.

Estienne Bidé sieur de la Prevosté Conseiller du Roy au siege Presidial de Nantes.

Jean Ragaud sieur des Perrieres Conseiller du Roi, Secretaire & Auditeur de ses Comptes en Bretagne.

Jean Caillaud sieur du Fief Maugeays.

Du Lundy 28. Decembre 1637.

Maire.

François Bourgogne Escuyer sieur de Vieil-lecourt Senechal des Regaires de Nantes.

Sousmaire.

Jean Cailleteau sieur de la Chasseloire Conseiller du Roy au Siege Presidial de Nantes.

Eschevins.

Marc Serizay sieur de Teillé Marchand.

Maturin Galliniere sieur du Bois-aunay Conseiller du Roy Auditeur de ses Comptes en Bretagne.

Guillaume Landaz sieur des Bouteilles Procureur au siege dudit Nantes.

Louis Baudouin sieur de la Bussonniere aussi Procureur audit siege.

Maturin Bruneau sieur de la Ville-aublanc Marchand.

Me Jean Calo sieur de la Ramée Procureur Sindic, Avocat en la Cour, fut receu en la charge de Procureur Sindic, aulieu de Me Jean Couperie sieur des Joncheres à present President Presidial.

Du Jeudy 4. Novembre 1638.

Maire,

François Bourgogne Escuyer sieur de de Vieillecourt Senechal des Regaires de Nantes continuë Maire.

Ses armes sont coupées d'or & d'argent avec une tour antique d'azur passant sur le tout, chargées au haut de trois étoilles d'or, & au bas de trois autres de même renversées, le tout de l'escu cantonné de quatre rozes de gueule, timbrées d'un ensque de porfil.

Sousmaire.

Mathurin Galliniere sieur du Bois-Aunay conseiller du Roy, Auditeur de ses Comptes en Bretagne.

Eschevins

Guillaume Landaz sieur des Bourcilles Procureur au siege de Nantes.

Louis Baudouin sieur de la Bussonniere Procureur au siege de Nantes. Ma-

Mathurin Bruneau Sieur de la Ville-au-blanc, Marchand.

Jean Couperie Sieur de la Cariziere, Conseiller du Roy, & Contrôlleur des Traites en Anjou.

Jean Chesneau sieur de Château-caillard, Marchand.

Du dernier jour d'Avril 1639.

Maire.

François Bourgogne, Escuyer sieur de Vieilcourt, Senéchal des Regaires de Nantes.

Sousmaire.

Guillaume Landez, Sieur des bouteilles, Procureur au Siege de Nantes.

Eschevins.

Loüis Baudoüin Sieur de la bussonniere, Procureur au Siege de Nantes.

Mathurin Bruneau sieur de la Ville-au-blanc, Marchand.

Jean Couperie Sieur de la Cariziere, Conseiller du Roy, Contrôlleur des Traites en Anjou.

Jean Chesneau Sieur du Chasteau-caillard, Marchand.

Du Mardy 27. de Decembre 1639.

Maire.

N. H. Me. Pierre Poulain Sieur de la Vincendiere, Conseiller du Roy, & son premier

Avocat au Presidial de Nantes.

Ses Armes sont de Sable au Sautoir d'or, chargé d'une Etoile de gueule timbrée d'un casque de porfil.

Sousmaire.

Loüis Baudouin, Sieur de la Buffonniere, Procureur au Presidial de Nantes.

Eschevins.

Mathurin Bruneau, sieur de la Ville-au-Blanc Marchand.

Jean Couperie Sieur de la Cariziere, Conseiller du Roy, & Contrôlleur des Traites en Anjou.

Jean Chesneau, sieur de Chasteau-Gaillard, Marchand.

Escuyer Antoine de Lisle, Sieur des Pezeries, Conseiller du Roy & son Avocat au Siege Presidial de Nantes.

Estienne de Bourgues Sieur de la Nonive, Marchand.

Du Mardy dernier jour d'Avril 1641.

Maire.

N. H. Pierre Poulain Sieur de la Vincendiere, conseiller du Roy, & son premier Avocat au Presidial de Nantes.

Sousmaire.

Jean Couperie sieur de la Cariziere, Conseiller du Roy, premier Contrôlleur des Traites en Anjou.

Eschevins.

Jean Chesneau Sieur de Chasteau-Gaillard, Marchand.

Escuyer Antoine de Lisle sieur des Pezeries, Conseiller du Roy, & son Avocat au Siege Presidial de Nantes.

Estienne de Bourgues sieur de la Nonivè, Marchand.

Guillaume Moreau sieur de Bel-abord, Marchand.

Maître Jean Callo Sieur de la Ramée, continué Procureur Syndic.

Du Jeudy 24 jour d'Avril 1642.

Maire.

Messire Christophe Juchault, Seigneur des Blottereaux, Conseiller du Roy en ses Conseils, President en sa Chambre des Comptes de ce Païs.

Ses Armes sont d'azur à la face d'or accompagnée de trois Crosilles d'argent timbrées d'un casque de front.

Sousmaire.

Escuyer Antoine de Lisle, sieur des Pezeriès, Conseiller du Roy & son Avocat au Siege Presidial de Nantes.

Eschevins.

Estienne de Bourgues sieur de la Nonivè, Marchand.

Guillaume Moreau, sieur de Bel-abord, Marchand.
Julien Gauvain, sieur de la Jousseliniere, Marchand.
Julien Jarniguan, sieur des Marais-Gautier, Marchand.
Antoine Dureau, sieur de la Pilotiere, Marchand.

Du Jeudy 19. jour de Mars 1643.

Maire.

Messire Christophe Juchault, Seigneur des Blottreaux, Conseiller du Roy en son Conseil, President en la chambre des Comptes de ce Païs.

Sousmaire.

Julien Gauvain, sieur de la Jousseliniere, Marchand.

Eschevins.

Julien Jarniguan, sieur des Marais-Gautier Marchand.
Antoine Dureau, Sieur de la Pilotiere, Marchand.
Estienne Touraine, Seneschal du Chapitre.
François Lorido., sieur du Mesnil.
Jacques le Courbe, sieur de la Maillardiere, Marchand.

Du Jeudy 22. Septembre 1644.

Maire.

Messire Yves Demonty, Seigneur de la Chalouiere, Conseiller du Roy, & Me. de ses Comptes en Bretagne.

Ses Armes sont d'azur à la bande d'or, cantonnées de deux Montagnes de même, timbrées d'un casque de front.

Sousmaire.

Antoine Dureau, Sieur de la Pillotiere, Marchand.

Eschevins.

François Lorido, sieur du Mesnil.

Jacques le Courbe, Sieur de la Maillardiere.

Louis Mesnard Sieur de la Noë.

René Cadoret Sieur de la Blottiere, Avocat en la cour.

Martin de Launay sieur de la tardiere.

Louis Couperie sieur des Landes, Avocat en la Cour, Procureur Syndic, reçû en la place de Me. Jean Callo, sieur de la Ramée Avocat en la cour.

Du Dimanche 26. Novembre 1645.

Maire.

Messire Yves de Monty, Seigneur de la Chalouniere Conseiller du Roy, Me. de ses comptes en Bretagne.

Sousmaire.

François Lorido sieur du Menil.

Eschevins.

Jacques le Courbe, sieur de la Maillardiere.
René Cadoret, sieur de la Blotiere.
Martin de Launay, sieur de la Fardiere.
Claude Juchault, sieur du Perron, conseiller & Secretaire du Roy, Auditeur de ses comptes en Bretagne.
Denis Barillet sieur du-Sas.

Du Jeudy 28 Fevrier 1647.

Maire.

N. H. Jacques de Bourgues, sieur de la Jaunais.

Ses armes sont de gueule, au chasteau portant trois tours d'or, accompagnées d'une Fleur de lis en pointe de même à lorle d'azur, chargées de cinq croisilles d'argent, une en chef & deux aux costez dextre & senestre, les deux derniers pointes par dessous, avec une chesne de même & une étoille d'or entre le bas & l'écu, en lay chesne timbrée d'un casque de profil.

Sousmaire.

Maturin de Launay sieur de la Fardiere.

Eschevins.

Claude Juchault, sieur du Perron, Conseiller du Roi, & Secretaire, Auditeur de ses comptes en Bretagne.

Denis Bariller sieur du-Sas.

Guillaume Macé Sieur de Loussehere, Greffier de la Chambre des Comptes.

Michel Leonard, sieur de la Rablais.

Du Mercredy 22. jour de Janvier 1648.

Maire.

N. H. Jacques de Bourgues, sieur de la Jaunais.

Sousmaire.

claude Juchault, sieur du Perron, Conseiller du Roy, Secretaire, & Auditeur de ses Comptes en Bretagne.

Eschevins.

Denis Bariller sieur du Sas.

Guillaume Macé sieur de Loussehere, Greffier de la chambre des comptes.

Michel Leonard, Sieur de la Rablais.

Maturin Rabeau, sieur de la Griviere, Avocat en la Cour.

Alain Delluen, sieur Duclos, Greffier du Siege Presidial.

Estienne Touraine, Senéchal du Chapitre, Procureur Syndic reçû en la place de Me. Loüis Couperie, sieur des Landes, Avocat en la Cour.

Du Mercredy 8. jour de Juillet 1648.

Maire.

Messire Maturin Blaux sieur du Toil, &

de la Varenne, Conseiller du Roy & Me. ordinaire de ses Comptes, en Bretagne.

Ses armes sont d'or à un Sautoir dantillé de gueule cantonné de quatre Merlettes de sable timbrées d'un casque de front.

Sousmaire.

Guillaume Macé, sieur de Loussèliere.

Eschevins.

Michel Leonard, sieur de la Rablais, Marchand.

Maturin Rabeau, sieur de la Griviere, Avocat en la cour.

Alain Deluen, Sieur Duclos, Greffier du Siege Presidial.

Jean Bureau, sieur des Novelles, Procureur au Siege Presidial de Nantes.

Jean Gourdet, Marchand.

Du Mercredy 1. jour de Decembre 1649.

Maire.

Messire Maturin Boux, Seigneur du Teil & de la Varenne, conseiller du Roy, & Maître ordinaire de ses comptes en Bretagne.

Sousmaire.

Maturin Rabeau Sieur de la Griviere, Avocat en la cour.

Eschevins.

Alain Deluen, sieur Duclos, Greffier du Siege Presidial.

Jean

Jean Bureau Sieur des Nouelles Procureur au Siege Presidial de Nantes.

Jean Gourdet, Marchand.

Du Mercredy 1. jour de Decembre 1649.

Maire.

*M*essire Maturin Boux Seigneur du Teil & de la Varenne, Conseiller du Roy, & *M*aître ordinaire des Comptes en Bretagne.

Sousmaire.

Maturin Rabeau Sieur de la Griviere, Avocat en la cour.

Eschevins.

Alain Deluen sieur Duclos, Greffier du Siege Presidial.

Jean Bureau Sieur de Nouelles, Procureur au Siege Presidial de Nantes.

Jean Gourdet, Marchand.

Jean Poulain sieur de la Vincendiere, Conseiller du Roy, & son Avocat audit Siege Presidial.

Charles *M*oricaud sieur du Vivier, Procureur au Siege Presidial dudit Nantes.

Du Mardy 6. de Decembre 1650.

Maire.

Messire Jean Charete, Seigneur de la Gascherie, Conseiller du Roy en ses Conseils, Senéchal de Nantes.

Ses armes sont d'argent à un Lion de Sable, armé, & lampassé de gueule, accompagné de trois Canettes de sable, becquetées, & patées de gueule en pointes, timbrées d'un casque de front.

Sousmaire.

Jean aureau sieur des Nouelles, Procureur au Siege Presidial de Nantes.

Eschevins.

Jean Gourdet, sieur de la Pamprie, Marchand.

Jean Poulain, sieur de la Vincendiere, Conseiller audit Siege Presidial.

Charles Moricaud, sieur du Vivier, Procureur au Siege Presidial de Nantes.

Jean Fournier, Escuyer sieur de la Pinsonniere, Conseiller du Roy audit Siege.

Jean Merceron, Marchand de draps de soye.

Etienne Touraine, Senéchal du Chapitre, continué Procureur Syndic.

Du Mercredy 21. jour de Fevrier 1652.

Maire.

Messire Jean Charete, Seigneur de la Gascherie, Conseiller du Roy en ses Conseils, Senéchal de Nantes.

Sousmaire.

Jean Poulain, sieur de la Vincendiere, Conseiller du Roy & son Avocat audit Siege Presidial,

Eschevins.

Charles Moricaud, sieur du Vivier, Procureur au Siege Presidial de Nantes.
Jean Fournier, Escuyer sieur de la Pinsonniere, Conseiller du Roy audit Siege.
Jean Merceron, *Marchand* de draps de soye.
Jean Regnier Escuyer, sieur de la Souchais, Conseiller & Secretaire du Roy, & Auditeur de ses Comptes en Bretagne, Prieur du Prieuré de Saint Martin & de la Madeleine-en-Bois.
Gilles Desloges, sieur de la Desnerie, *Marchand* de draps de soye.
Etienne Touraine, Senéchal du Chapitre, continué Procureur Syndic.

Du Lundy 30 Decembre 1652.

Maire.

Messire Claude Bidé, Seigneur de Ranzay, Conseiller du Roy Alloüé, & Lieutenant General de Nantes.
Ses Armes sont d'argent à un Lyon de sable armé & lampassé de gueule, regardant un croissant d'azur au franc-cartier, accompagné de deux étoilles de gueule posées au deux & troisiéme cartier, timbrées d'un casque de front.

Sousmaire.

Jean Fournier, Escuyer sieur de la Pinsonniere, Conseiller du Roy audit Siege.

Eschevins.

Jean Merceron, Marchand de draps de soye.

Jean Regnier, sieur de la Souchais, Conseiller & Secretaire du Roy, Auditeur de ses Comptes en Bretagne, Prieur de la Madeleine-en-Bois.

Gilles Desloges, sieur de la Desnerie, Marchand de draps de soye.

Olivier, Chevalier, Escuyer, sieur du Bois-Chevalier, conseiller du Roy au Siege Presidial de Nantes.

Jean le Haste, Sieur de Pont de Bray, Conseiller du Roy, & Receveur General des Decimes de Bretagne.

Etienne Touraine, Senéchal du Chapitre, continué Procureur Syndic.

Du Lundy 23. de Fevrier 1654.

Maire.

Messire Claude Bidé, Seigneur de Ranzay, Conseiller du Roy Alloüé, & Lieutenant General de Nantes.

Sousmaire.

Jean Regnier, Sieur de la Souchais, Conseiller du Roy, & Auditeur en sa Chambre des comptes de Bretagne, Prieur de la Madeleine-en-Bois.

Eschevins.

Gilles Desloges, sieur de la Desnerie, Marchand de draps de soye.

Olivier, Chevalier, Escuyer Sieur du Bois-Chevalier, conseiller au Siege Presidial de Nantes.

Jean le Haste sieur du Pont de Bray, Conseiller du Roy, & Receveur general des Decimes de Bretagne.

René Pigeand, Escuyer, sieur de Beautour, conseiller du Roy au Siege Presidial de Nantes.

Pierre Belon, sieur du Douet-Garnier, Notaire Royal.

Etienne Touraine, Senéchal du Chapitre, continué Procureur Syndic.

Du Mercredy 30. jour de Decembre 1654.

Maire.

*M*essire Jean Fournier, Seigneur de la Pinsonniere, Taron, Limeur, Bougon & la Pichonnais, Docteur & Professeur au Droit Canon en l'Université, Conseiller du Roy au Siege Presidial de Nantes.

Ses Armes sont de gueule à une bande dantellée d'or, accompagnée de deux Molettes d'épron de même, au casque de front .... d'une Sigogne, déployée d'argent, becquetée de gueule,

Nobles Gens.

Sousmaire.

Olivier, chevalier, Escuyer sieur du Bois-chevalier, conseiller du Roy au Siege Presidial de Nantes.

Eschevins.

François de la Garde, Escuyer sieur des Croi-se Conseiller du Roy au Siege Présidial.

René Pigeaud, Escuyer Sr. de Beautour, Conseiller du Roy audit Siege Presidal de Nantes.

Pierre Belon, sieur du Doüet-Garnier, Notoire Royal.

Nicolas Bachelier Escuyer sieur du Pinier, aussi Conseiller du Roy au Siege Presidial de Nantes.

Maturin Mesnard, sieur de la Poterie.

François Lyrot, Sieur des Chastelliers, Avocat en la Cour, Procureur Syndic.

Du Jeudy 30. *jour de Decembre* 1655.

Maire.

Messire Jan-Fournier, Seigneur de la Pinsonniere, Taron, Limeur, Bougon & la Pichonnais, &c. Docteur & Professeur au Droit Canon en l'Université, conseiller du Roy au Siege Presidial de Nantes.

Sousmaire.

René Pigeaud, Escuyer, sieur de Beautour,

Conſeiller du Roy au Siege Preſidial de Nantes.

Souſmaire.

Pierre Belon, ſieur du Doüet-Garnier, Notaire Royal.

Eſchevins.

Nicolas Bachelier, Eſcuyer ſieur du Pinier, Conſeiller au Siege Preſidial de Nantes.

Maturin Meſnard, ſieur de la Poterie.

François Lyrot, ſieur de Chaſtelliers, Avocat en la Cour, Procureur, Syndic.

Gratien Libaud, ſieur du Perray.

Jean Chauvin, Sieur de la Touche, Procureur au Siege Preſidial de Nantes.

Du Mardy 16. jour de Janvier 1657.

Maire.

Meſſire René de Pontual, Chevalier, Seigneur dudit lieu, Conſeiller du Roy en ſes Conſeils d'Etat, & Privé, Preſident en ſa Chambre des comptes de Bretagne.

Ses Armes ſont de Sinople à un Pont d'argent de trois Arches, ſur lequel paſſent trois Oyes de même, becquetées de gueule à la Couronne de Baron.

Souſmaire.

Nicolas Bachelier, Eſcuyer ſieur du Pinier, Conſeiller du Roy au Siege Preſidial de Nantes.

Eschevins.

Maturin Mesnard, sieur de la *Poterie.*

Gratien Libaud, *Sieur du Perray.*

Jean Chauvin, sieur de la Touche, *Procureur* au *Siege Presidial* de Nantes.

Jean *Gaborit*, sieur de la Haute-voix, *Procureur* audit *Siege.*

Jacques *Bernard*, sieur de la *Bazouches*, Notaire Royal.

François Lyrot sieur des *Chastelliers*, Avocat en la *Cour Procureur Syndic.*

Du Vendredy 2. jour d'Avril 1658.

Maire.

Messire René de *Pontual*, *Chevalier*, *Seigneur* dudit lieu, Conseiller du Roy en ses conseils d'Etat & *Privé*, *President* en sa Chambre des comptes de Bretagne.

Sousmaire.

Gratien Libaud, sieur du *Perray.*

Eschevins.

Jean *Chauvit*, sieur de la Touche, *Procureur* au *Siege Presidial* de Nantes.

Jean Gaborit, sieur de la Haute-voix, aussi *Procureur* audit *Siege.*

Jacques Bernard, sieur de la Bazouches, Notaire Royal.

Jean Riviere sieur de Laubiniere, *Procureur* audit *Siege.*

André

André Prieur, ſieur de la Melonnais.
Philipes Guillaume de Caſalis, Avocat en la Cour & Syndic.

Du Lundy 24. de Fevrier 1659.

Maire.

Meſſire Jacques Huteau, Chevalier, Seigneur du Buron, Conſeiller du Roy en ſes Conſeils d'Etat & Privé President en ſa Chambre des Comptes de Bretagne.

Ses Armes ſont d'azur à trois Mollettes d'épron d'or à la Couronne de Compte & l'Ordre de Saint Michel.

Souſmaire.

Jean Gaborit, ſieur de la Chantenoix, Procureur au Siege Preſidial de Nantes.

Eſchevins.

Jean Riviere, ſieur de Laubiniere, Procureur audit Siege.

André Prieur Sieur de la Melonnais, Marchand de draps de ſoye.

Jean Burot ſieur du Pé, Marchand à la Foſſe.

François Priou, ſieur de la Gandonniere, Procureur audit Siege.

Philipes Guillaume de Caſallis, Avocat en la Cour Procureur Syndic.

Du Jeudy 8. jour d'Avril 1660.

Maire.

Messire Jacques Huteau, Chevalier, Seigneur du Buron, Conseiller du Roy en ses Conseils d'Etat & Privé, & President en sa Chambre des Comptes de Bretagne.

Sousmaire.

Jean Riviere, sieur de Laubiniere, Procureur au Siege Presidial de Nantes.

Eschevins.

André Prieur, sieur de la Melonnais, Marchand de draps de Soye.

Jean Burot, sieur du Pé, Marchand à la Fosse de Nantes.

François Priou, sieur de la Gandonniere Procureur audit Siege.

N. H. Pierre Guignard, sieur de Barsauvage, Avocat en la Cour, & Capitaine d'une compagnie de cette Ville.

Jean Lory, Sieur de la Lardiere, Marchand de draps de Soye.

Philipes Guillaume de Casalis, Avocat en la Cour, Procureur Syndic.

Du Mardy 12. Janvier 1661.

Maire.

Escuyer Jean Poullain, sieur de la Vincendiere, Conseiller du Roy & son Premier Avocat au Siege Presidial de Nantes.

Ses Armes sont de Sable à un Sautoir d'or, chargé d'une Etoile de gueule, timbré d'un Casque de front.

Sousmaire.

Escuyer Maturin Giraud, sieur de la Bigeotiere, Conseiller du Roy au Siege Presidial de Nantes.

Eschevins.

N. H. François Priou, sieur de la Gandonniere, Procureur au siege Presidial.

Escuyer, Pierre Guignard, sieur de Barsauvage, Avocat en la Cour, l'un des Capitaines de la Ville.

N. H. Jean Lory sieur de la Lardiere, Marchand de draps de soye.

Bonnaventure Villaine, Escuyer, sieur de la Bastiere, Conseiller du Roy, Juge ordinaire, & Maître particulier des Eaux, Bois & Forêts du Comté de Nantes.

N. H. Charles de Faye, sieur de la Grigonnaye.

Philipes Guillaume de Casalis, Procureur Syndic.

Du Mardy 4. jour d'Avril 1662.

Maire.

Escuyer, Jean Poullain, sieur de la Vincendiere, Conseiller du Roy, & son premier Avocat au Siege Presidial de Nantes.

Sousmaire.

Escuyer, Pierre Guignard, sieur de Barsauvage, Avocat en la Cour, & l'un des Capitaine de la Ville.

Eschevins.

N. H. Jean Lory, sieur de la Lardiere, Marchand de draps de soye.

Bonnaventure Villaine, Escuyer, sieur de la Bastiere, Conseiller du Roy, Juge ordinaire, & Me. particulier des Eaux, Bois & Forêts du Comté de Nantes.

N. H. Charles de Faye, sieur de la Grignognais.

Michel Forgeteau, Escuyer, Sieur de la Colleterie, greffier de la Chambre.

N. H. Gilles Mesnard, sieur Duclos, Marchand de draps de soye.

Philippes Guillaume de Casalis, Avocat en la Cour, Procureur Syndic.

Du Mardy 28. de Novembre 1662.

Maire.

Messire Loüis Macé, Seigneur de la Roche, Conseiller du Roy en ses Conseils d'Etat & Privé, & President au Siege Presidial de Nantes.

Ses Armes sont de gueule à trois Chefs de Cerf, boizez d'or au chef d'azur chargé d'une Croix dantellée d'argent à la couronne de Comte.

Sousmaire.

Bonnaventure Villaine, Escuyer, sieur de la Bastiere, Conseiller du Roy, Juge ordinaire, & Me. particulier des Eaux, Bois & Forêts du Comté de Nantes.

Eschevins.

N. H Charles de Faye sieur de la Grignonais.

Michel Forgeteau, Escuyer, sieur de la Colleterie, conseiller du Roy, Greffier en chef en la Chambre des Comptes de Bretagne.

N. H. Gilles Mesnard, sieur Duclos, Marchand de draps de Soye.

Julien Caillaud, Escuyer, sieur du Bois-Tenet, Conseiller du Roy, & Receveur ancien des Foüages, taillon, imposts & billots, & de tous autres deniers Royaux qui se levent en l'Evêché de Nantes.

N. H, Maturin Ertaud, sieur de la Bretonniere.

Philippes Guillaume de Casalis, Avocat en la Cour, Procureur Syndic.

Du Mardy 9. Janvier 1664.

Maire.

Messire Loüis Macé, Seigneur de la Roche, Conseiller du Roy en ses conseils d'Etat & Privé, & President au Siege Presidial de Nantes.

Sousmaire.

Michel Forgeteau, Escuyer sieur de la Colleterie, Conseiller du Roy, Greffier en chef en la Chambre des comptes de Bretagne.

Eschevins.

N. H. Gilles Mesnard, sieur Duclos, Marchand de draps de soye.

Julien Caillau, Escuyer, sieur du Bois-Tenet, Conseiller du Roy, & Receveur ancien des foüages, taillon, impôts & billots, & de tous autres deniers Royaux qui se levent en l'Evêché de Nantes.

N. H. Maturin Ertaud, Sr. de la Bretonniere.

N. *H.* Jean Olivier, Sieur de la Bouyniere, Marchand de draps de soye.

N. *H.* Louys Mesnard, sieur du Pavillon.

Philippes Guillaume de Casalis, Avocat en la Cour, Procureur Syndic.

Du Lundy 10. *Novembre* 1664.

Maire.

Monsieur Me. Maturin Giraud, Escuyer, Seigneur de la *Bigeotiere*, Conseiller du Roy au Siege Presidial de Nantes.

Ses Armes sont d'argent à une face de gueule, accompagnée de trois Croissans d'azur, timbrées d'un casque de Front, avec cette devise au dessus desdites Armes:

Nil temere, aut timide.

Sousmaire.

Escuyer Julien caillaud, Sieur du Bois-Tenet, Conseiller du Roy, Receveur des Fouages, & de tous autres deniers Royaux qui se levent en l'Evêché de Nantes.

Eschevins.

N. *H.* Maturin Ertaud, sieur de la Bretonniere.

N. *H.* Jean Olivier, sieur de la Bouyniere, Marchand de draps de Soye.

N. *H.* Loüis Mesnard, Sieur du Pavillon, & l'un des Capitaines en chef de la Ville.

N. *H.* Maturin Jouin, Sieur de la Chateignerais.

N. *H.* Jean Bernard, sieur de la Bernardiere.

Philippes Guillaume de Casalis, Avocat en la Cour, Procureur Syndic.

Fin du premier Siecle de la Mairie de Nantes 1664.

Du 17 jour de Fevrier 1665.

Maire.

MOnsieur Me. Maturin Giraud, Escuyer, Seigneur de la Bigeotiere,

Conseiller du Roy au Siege Presidial de Nantes. *Sousmaire.*

N. *H.* Jean Olivier, sieur de la Bouyniere, Marchand de draps de soye.

Eschevins.

N. *H.* Louys Mesnard, sieur du Pavillon, l'un des Capitaines de la Ville.

N. *H.* Maturin Jouin, Sieur de la Chateignerais.

N. *H.* Jean Bernard, sieur de la Bernardiere, Marchand.

N. *H.* Estienne Grillaud, Marchand, & l'un des Directeurs de la Chambre de la compagnie des Indes Orientales.

N. H. Pierre Pellier, Sieur de la Mullonniere, Procureur au Siege Presidial.

Philippes Guillaume de Casalis, Avocat en la Cour, Procureur Syndic.

Cy aprés sont écrits les noms, qualitez, Armes & Blazons de Messieurs les anciens Maires, qui avoient été obmis à mettre dans le present Livre, depuis la création du Mairat en cette Ville de Nantes, jusqu'en l'an 1666. qui sont 51. Maires ordonné y être inscrit par déliberation du Bureau, Mr. du Mesnil Lorido Maire le 5. Octobre audit an 1666. ensuite des six qui sont en leur rang & ordre, qui sont 57. Maires dans le premier siecle.

Et

Et à la fin dudit Livre est écrit ce qui ensuit.

Le present livre a été mis & attaché aux Archives par déliberation du Bureau, ce jour 28. de Juin 1668. sous les seings des Maire, Eschevins & Procureur Syndic à present en Charge, qui sont

Maire.

Escuyer François Lorido, Seigneur du Mesnil & de la Gironniere.

Sousmaire.

Estienne Grillaud.

Eschevins.

Pierre Pellier, sieur de la Mulonniere.
Jean Proyn, sieur de Champ Bosseau.
Maturin Balluë, sieur de la Ville-au-Blanc.
Pierre Halloüin, sieur de la Morhonniere.
Jacques Valleton, sieur de la Peille, Conseillers & Eschevins.
Escuyer Jacques Langlois sieur des Roberdries, Procureur Syndic.

Signé, Lorido du Mesnil Maire, Grillaud Sousmaire, Pellier, J. Proyn, Mrs. Balluë, Halloüin, Jacques Valleton, & J. Langlois Syndic.

Du Lundy 27. Septembre 1666.

Maire.

François Lorido, Seigneur du Mesnil & de

la Gironniere, Chevalier, Conseiller du Roy, Juge des Monnoyes, premier & ancien Capitaine en chef d'une des Compagnies de la Ville.

Sousmaire.

N. H. Maturin Joüin, sieur de la Chasteignerais,

Eschevins.

N. H. Jean Bernard, sieur de la Bernardiere, Marchand.

N, H. Estienne Grillaud, Marchand, l'un des Directeurs de la Chambre de la Compagnie des Indes Orientales.

N. H. Pierre Pellier, sieur de la Mullonniere, Procureur au Siege Presidial.

N. H. Jean Proyn sieur de Champ-Bosseau, Marchand.

N. H. Maturin Balluë, Marchand.

Escuyer Jacques Langlois, sieur des Roberdries, Avocat en la Cour, Procureur Syndic.

Du Jeudy 1. de Decembre 1667.

Maire.

François Lorido, Escuyer, Seigneur du Mesnil & de la Gironniere, Chevalier, Conseiller du Roy, Juge des Monnoyes, premier & ancien Capitaine en chef d'une des Compagnies de la Ville.

Sousmaire.

N. H. Estienne Grillaud, Marchand, l'un des Directeurs de la Chambre de la Compagnie des Indes Orientales.

Eschevins.

N. H. Pierre Pellier, sieur de la Mullonniere, Procureur au siege Presidial.

N. H. Jean Proyn, sieur de Champ-Bosseau, Marchand.

N. H. Maturin Balluë, Marchand.

N. H. Pierre Hallöüin, Sieur de la Morhonniere, Greffier du siege Presidial.

N. H. Jacques Valleton, sieur de la Peille.

Escuyer, Jacques Langlois sieur des Roberdries, Avocat en la Cour, Procureur Sindic.

Du Mardy 3. Juillet 1668.

Maire.

Messire Jacques Charete, Seigneur de Montebert, Conseiller du Roy en ses Conseils, Senéchal de Nantes.

Sousmaire.

N. H. Jean Proyn, sieur de champ-Bosseau Marchand.

Eschevins.

N. H. Maturin Balluë, Marchand.

Escuyer Pierre Hallöüin, sieur de la Morhonniere, Greffier du siege Presidial.

Escuyer, Jacques Valleton, sieur de la Peille.

Escuyer André Boussineau sieur de la Patissiere, Conseiller du Roy, Receveur Général des Decimes de Bretagne.

N. H. Mathurin Babouard, Marchand de soye.

Escuyer Jacques Langlois, sieur des Roberdries, Avocat en la Cour, Procureur Sindic.

Du Mardy 3. de Septembre 1669.

Maire.

Messire Jacques Charete, Seigneur de Montebert, Conseiller du Roy en ses Conseils & Senéchal de Nantes, continué Maire.

Sousmaire.

Escuyer Pierre Halloüin, sieur de la Morhonniere, Greffier du Siege Presidial.

Eschevins.

Escuyer Jacques Valleton, sieur de la Peille.

Escuyer André Boussineau, sieur de la Patissiere, Conseiller du Roy, Receveur General des Decimes en Bretagne.

N. *H.* Maturin Babouard, Marchand de draps de soye.

N. H. Julien Gourdet, sieur de la Pamperie Marchand.

N. H. Claude Mario, sieur de Procé, Marchand.

Escuyer, Jacques Langlois sieur des Roberdries, Avocat en la Cour, continué Procureur Syndic.

Le 28. Octobre de ladite année, fut reçû pour septiéme Eschevins,

N. H. Estienne Bureau, sieur de la Moriniere, l'un des Directeurs de la Compagnie des Indes Orientales.

Du Mercredy 16. Juillet 1670.

Maire.

Messire Jacques Charete, Seigneur de Montebert, Conseiller du Roy en ses Conseils, Senéchal de Nantes, continué Maire pour la troisiéme année.

Sousmaire.

Escuyer André Boussineau, sieur de la Patissiere, Conseiller du Roy, Receveur General des Decimes de Bretagne.

Eschevins.

N. H. Maturin Baboüard, Marchand de draps de Soye.

N. H. Julien Gourdet, sieur de la Pamperie, Marchand.

N. H. Claude Mario, sieur de Procé, Marchand.

N. H. Estienne Bureau, sieur de la Moriniere, Marchand, l'un des Directeurs de la Compagnie des Indes Orientales.

N. H. François Valleton, sieur de la Peille, Marchand, l'un des Directeurs de ladite Compagnie des Indes Orientales.

N. H. Antoine François, sieur de la Briandiere, Marchand, l'un des Directeurs de ladite Compagnie des Indes Orientales.

Jacques Langlois, Escuyer sieur des Roberdries, Avocat en la cour, Procureur Syndic.

Du Lundy 22. Juin 1671.

Maire.

Gratien Libault, Escuyer, Seigneur de la Templerie, Capitaine en chef de la Compagnie de la Fosse.

Sousmaire.

N. H. Julien, Gourdet, sieur de la Pamperie.

Eschevins.

N. H. Claude Mario, sieur de Procé, Marchand.

N. H. Estienne Bureau, sieur de la Moriniere, Marchand, l'un des Directeurs de la Compagnie des Indes Orientales.

N. H. Loüis Gauvain, sieur de la Jousseliniere, Marchand.

Jacques Langlois, Escuyer, sieur des Roberdries, Avocat en la Cour, Procureur Syndic.

Du Mardy 16. Septembre 1672.

Maire.

Gratien Libault, Escuyer, Seigneur de la Templerie, Capitaine en chef de la Compagnie de la Fosse.

Sousmaire.

N. *H.* François Valleton, sieur de la Garennerie, Directeur de la Compagnie des Indes Orientales.

Eschevins.

N. H. Antoine François, sieur de la Briandiere, Directeur de la Compagnie des Indes Orientales.

N. *H.* Loüis Gauvain, sieur de la Jousseliniere.

N. *H.* René Guilloré, sieur de Corrobert.

N. *H.* Nicolas, Libault, sieur de Beaulieu, Avocat en la Cour.

N. H. Mathieu Becot, Conseiller du Roy, Docteur & Professeur Royal en la Faculté de Medecine de l'Université de Nantes.

N. *H.* René Reliquet, sieur de la Corbinaye. Avocat en la Cour.

En cette année a été nommé pour Greffier de cette Ville & Communauté Me. Julien Tallendeau, Notaire Royal.

Du 8. d'Aoust 1673.

Maire.

Jean Regnier, Conseiller du Roy, Secretaire, & Auditeur ordinaire en la Chambre des Comptes de Bretagne.

Sousmaire.

N. *H.* Loüis Gauvain, sieur de la Jousseliniere.

Eschevins.

N. *H.* René Guilloré, sieur de Corrobert.

N. *H.* Nicolas Libault, sieur de Beaulieu, Avocat en la Cour.

N. *H.* Mathieu Becot, Conseiller du Roy, Docteur & Professeur Royal en la Faculté de Medecine de l'Université de Nantes.

N. *H.* Julien Dureau, sieur de la Noë-Guy.

N. *H.* Pierre du Cassia, sieur de la Houssays.

N. *H.* René Reliquet, sieur de la Corbinaye, Avocat en la Cour, Procureur Syndic.

N. *H.* Nicolas Paulus, sieur du Fonteny, Receveur & Miseur de la Ville en l'année 1665.

Du 28. jour de Juin 1674.

Maire.

Jean Regnier, Escuyer, Conseiller du Roy, Secretaire & Auditeur ordinaire en sa Chambre des Comptes de Bretagne.

N.

Sousmaire.

N. H. Nicolas Lybault sieur de Beaulieu, Avocat en la Cour.

Eschevins.

N. H. Mathieu Becot, Conseiller du Roy, Docteur & Professeur Royal en la Faculté de Medecine & Université de Nantes.

N. H. Julien Dureau, sieur de la Noë-Guy.

N. *H.* Pierre du Cassia, sieur de la Houssais.

N. H. Pierre d'Escasaux, sieur de la Folliette.

N. *H.* Briend Fenice, Procureur à la Chambre des Comptes de Bretagne.

N. *H.* René Reliquet sieur de la Corbinaye, Avocat en la Cour, Procureur Syndic.

Du Lundy 23. Septembre 1675.

Maire.

Messire Loüis Charete, Seigneur de la Gascherie, Conseiller du Roy, & Senéchal de Nantes.

Sousmaire.

N. H. Julien Dureau, sieur de la Noë-Guy.

Eschevins.

N. H. Pierre du Cassia, sieur de la Houssais.

N. *H.* Pierre d'Escasaux, sieur de la Folliette.

N. Homme Briend Fenice, Procureur à la

Chambre des Comptes de Bretagne.

N. H. René Merlet ; Docteur en Medecine.

N. *H.* Guillaume Philippes de Casalis, Avocat en la Cour.

N. *H.* René Reliquet, sieur de la Corbinaye, Avocat en la Cour, Procureur, Syndic.

Du Jeudy 2. Juillet 1676.

Maire.

Messire Charles Cesard, Chevalier, Seigneur du Bois, Chevalier, Conseiller du Roy, President, au Presidial à Nantes.

Sousmaire.

N. *H.* Pierre d'Escasaux, sieur de la Folliette.

Eschevins.

N. *H.* Briend Fenice, sieur de Clermont, Procureur à la Chambre des Comptes.

N. H. René Merlet, Docteur en Medecine.

N. H. Philippes guillaume de Casalis, Avocat en la Cour, ancien Syndic.

N. *H.* Loüis de Ronseray, Procureur aux Comptes.

N. *H.* François Moriceau, sieur de la Halquiniere, Procureur au Presidial, Senéchal des Perrines, & Chamballan.

N. H. René Reliquet, ſieur de la Corbinaye, Avocat en la Cour, Procureur Syndic.

Eſt à remarquer que le ſieur de la Corbinaye, Syndic étant tombé malade le 15. Mars dernier, & decedé le 29. dudit mois, le ſieur Moriceau Echevin a fait la Harangue ledit jour de May, & le ſurplus de la Charge, juſqu'à la continuation de Mairie & Election d'un nouveau Syndic.

Du Mardy 22. Juin 1677.

Maire.

Mre Charles Ceſard, Chevalier, Seigneur du Bois-Chevalier, Conſeiller du Roy, Preſident, Preſidial, & Capitaine en chef d'une des Compagnies de cette Ville.

Souſmaire.

N. *H.* René Merlet, Docteur en Medecine.

Eſchevins.

N. *H.* Philippes Guillaume de Caſalis, Avocat en la Cour, ancien Syndic.

N. H. Loüis de Ronſeray, Procureur aux Comptes.

N. H. François Moriceau, ſieur de la Halquiniere, Procureur au Preſidial, Senéchal des Perrines & Chamballan, & Capitaine Enſeigne d'une des Compagnies de cette Ville.

N. H. Julien Dupé, sieur du Bois-Belot, ancien Consul & Lieutenant d'une des compagnies de cette Ville.

N. H. Claude Perraud, sieur de la Chaussée, Marchand.

N. H. Nicolas Hervoüet, sieur du Pasty, Avocat en la Cour, Procureur Syndic.

Du Jeudy 4. d'Aoust 1678.

Maire.

Messire Charles Cesard, Chevalier, Seigneur du Bois-Chevalier, Conseiller du Roy, & President Presidial, & Capitaine en chef d'une des Compagnies de cette Ville.

Sousmaire.

N. H. Loüis de Ronseray, Procureur aux Comptes.

Eschevins.

N. H. François Moriceau, sieur de la Halquiniere, Procureur au Presidial, Senéchal de Perrines & Chamballan, & Capitaine Enseigne d'une des Compagnies de cette Ville.

N. H. Julien Dupé, Sieur du Bois-Belot, ancien Consul & Lieutenant d'une des Compagnies de cette Ville.

N. H. Claude Perraud, sieur de la Chaussée, Marchand.

N. *H.* Julien François sieur du Brossay, Marchand à la Fosse.

N. *H.* Jean Corbon, sieur de la Gerberie, Senéchal de la Riviere.

N. H. Nicolas Hervoüet, sieur du Pasty, Avocat en la Cour, Procureur Syndic.

En cette Ville a été nommé pour Greffier de cette Ville & Communauté Me. Maturin le Courbe, Banquier en Cour de Rome, Notaire Royal au lieu & place de Me. Julien Tallendeau, en consequence de la demission pure & simple qu'il en a faite entre les mains de Mrs. les Maire & Eschevins.

Du Mardy 12. *de Septembre* 1679.

Maire.

Jacques Fremon, Escuyer, Seigneur du Bouffay & des Croix, Conseiller du Roy au Siege Presidial de cette Ville.

Sousmaire.

N. H. Julien Dupé, sieur du Bois-Belot, ancien Consul & Lieutenant d'une des compagnies de cette Ville.

Eschevins.

N. H. Claude Perraud, sieur de la Chaussée, Marchand.

N. *H.* Julien François, sieur du Brossay, Marchand à la Fosse.

N. H. Jean Corbon, sieur de la Gerberie, Senéchal de la Riviere.

N. *H.* Julien Gartiau, sieur du *B*ois-Niau, ancien Consul des Marchands.

N. *H.* Thomas Dupas, sieur de Beaulieu, Procureur au Presidial de Nantes, & ancien Senéchal du Prieuré de Piremis.

N. H. Nicolas Hervoüet, sieur du Pasty, Avocat en la cour, Procureur Syndic.

Du Mardy 22. jour d'Octobre 1680.

Maire.

Jacques Fremon, Escuyer, Seigneur du Bouffay & des Croix, Conseiller du Roy au siege Presidial de cette Ville.

Sousmaire.

N. H. Julien François, sieur du Brossay, Marchand à la Fosse.

Eschevins.

N. H. Jean Corbon, sieur de la Gerberie, Senéchal de la Riviere.

N. H. Julien Gartiau, sieur du Bois-Niau, Ancien Consul des Marchands.

N. H. Thomas Dupas, sieur de Beaulieu, Avocat en la Cour, ancien Senéchal de Piremil.

N. H. Pierre Grillaud, sieur de Chezines, ancien Consul & Directeur de la Compagnie des Indes Orientales.

N. H. Jacques Danguy, sieur d'Heredie, Marchand à la Fosse.

N. H. Nicolas Hervoüet, sieur du Pasty, Avocat en la Cour, continué Procureur Syndic.

Du Lundy 15. *de Decembre* 1681.

Maire.

Jacques Fremon, Escuyer Seigneur du Bouffay & de Croix, Conseiller du Roy au Siege Presidial de cette Ville.

Sousmaire.

N. H. Julien Gartiau, sieur du Bois-Niau, ancien Consul des Marchands.

Eschevins.

N. H. Thomas Dupas, sieur de Beaulieu, Avocat en la Cour, ancien Senéchal de Piremil.

N. H. Pierre Grillaud, sieur de Chezine, ancien Consul & Directeur de la Compagnie des Indes Orientales.

N. H. Jacques Danguy, sieur d'Heredye, Marchand à la Fosse.

N. H. Maturin Loquet, sieur de l'Isle, Avocat en la Cour.

N. H. Nicolas Hervoüet, sieur du Pasty & de la Piltiere, Avocat en la Cour, Procureur Syndic & Docteur en Droit Civil & Canonique de l'Université de Nantes,

Du Lundy 14. Juillet 1681.

Maire.

Loüis Mesnard, Escuyer, Seigneur du Pavillon & du Plessis, Capitaine en chef d'une des Compagnies de cette Ville, & ancien Eschevin & Juge des Marchands.

Sousmaire.

N. H. Pierre Grilleau, sieur de Chezine, ancien Consul & Directeur de la Compagnie des Indes Orientales.

Eschevins.

N. H. Jacques Danguy, sieur d'Heredie, Marchand à la Fosse.

N. H. Guillaume Handrix, sieur de la Blanchardiere, Marchand à la Fosse.

N. H. Maturin Loquet, sieur de l'Isle, Avocat en la Cour.

N. H. René Liger, sieur de l'Uniere, Notaire, Garde-notte du Roy en la Cour de Nantes.

N. H. Jean Guilbaud, sieur de la Pillotiere, Procureur au Siege Presidial & Prevôté de Nantes.

N. H. Nicolas Hervoüet, sieur du Pasty & de la Piltiere, Avocat en la Cour, Docteur en Droit Civil & Canonique de l'Université de Nantes, Procureur Syndic.

Du

Du Lundy 8. de Janvier 1684.

Maire.

Escuyer Claude Bidé, Seigneur de la Bottiniere, Conseiller du Roy, Alloüé, & Lieutenant General de Nantes.

Sousmaire.

N. H. Guillaume Handrix, sieur de la Blanchardiere.

Eschevins.

N. H. Maturin Loquet, sieur de l'Isle, Avocat en la Cour.

N. H. René Liger, sieur de l'Uniere, Notaire Garde-notte du Roy.

N. H. Jean Guilbaud, sieur de la Pillotiere, Avocat en la Cour.

N. H. Loüis Maunoir, Marchand Me. Apotiquaire.

N. H. Claude Perraud, sieur de la Maison Rouge, Marchand à la Fosse.

N. H. Rolland Guyton, Avocat en la Cour, Lieutenant, & second Juge de la Jurisdiction du Chapitre de Nantes, Syndic.

Du Mardy 27. jour d'Octobre 1684.

Maire.

Messire Claude Bidé, Seigneur de la Botiniere, Alloüé, & Lieutenant General de Nantes.

Sousmaire.

N. H. René Liger, sieur de l'Uniere, Notaire Garde-notte du Roy.

Eschevins.

N. H. Jean Guilbaud, sieur de la Pillotiere, Avocat en la Cour.

N. H. Loüis Maunoir, Marchand, Me. Apotiquaire,

N. H. Claude Perraud, sieur de la Maison - Rouge, Marchand à la Fosse.

N. H. Joseph Bizeul, Sieur du Jaunay, Avocat en la Cour, Capitaine, Enseigne d'une des sept Compagnies de la Ville de Nantes.

N. H. Nicolas Chiron, sieur de la Caziniere, ancien Juge Consul des Marchands.

N. H. Rolland Guyton, Avocat en la Cour, Lieutenant, & second Juge de la Jurisdiction du Chapitre de Nantes, Syndic.

N. H. Loüis Thiercelin, Banquier, reçû Miseur en cette année 1685. sur la démission pure & simple que N. H. Nicolas Paulus en a faite entre les mains de Messieurs les Maire, Eschevins & Syndic.

Du Mardy 27. de Novembre 1685.

Maire.

Messire Guillaume de l'Isle, Seigneur de la Nicolliere, de la Verrie, & de la Gironniere, Conseiller du Roy, & son premier Avocat au Siege Présidial de Nantes, Juge-Garde de la Monnoye, & l'un des Capitaines en chef de cette Ville.

Ses Armes sont de gueule à dix Billettes d'or à une Couronne de Marquis, surmontée d'un Casque de front, avec les ornemens.

Sousmaire.

N. H. Loüis Maunoir, Marchand Me. Apotiquaire.

Eschevins.

N. H. Claude Perraud, sieur de la Maison-Rouge, Directeur de l'Hôpital General, premier Appretiateur, actuellement servant dans lesdites Charges, qui a eu l'honneur de haranguer Messieurs les Marchands sur le fait de l'Election des Juges Consuls le 26. Juillet 1684.

N. H. Joseph Bizeul, sieur de la Gravaudiere, Avocat en la Cour, Capitaine Enseigne d'une des sept Compagnies de la Ville de Nantes.

N. H. Nicolas Chiron, sieur de la Caziniere, ancien Juge Consul.

N. H. Julien Mabille, sieur du Rochereau, Avocat en la Cour, Senéchal de la Hunaudais & de Launay.

N. H. René Fresneau, sieur de la Couronnerie, Conseiller du Roy, & ancien Juge Consul.

N. H. Rolland Guyton, Avocat en la Cour, Lieutenant & second Juge de la Jurisdiction du Chapitre de Nantes, Syndic.

Du Mercredy 22. Janvier 1687.

Maire.

Messire Guillaume de l'Isle, Seigneur de la Nicolliere de la Verrie, & de la Gironniere, Conseiller du Roy, & son premier Avocat au Siege Presidial de Nantes, Juge-Garde de la Monnoye, & l'un des Capitaines en chef de cette Ville.

Sousmaire.

N. H. Joseph Bizeul, sieur de la Gravaudiere, Avocat en la Cour, Capitaine Enseigne d'une des Compagnies de la Ville, Pere des Pauvres de l'Hôpital Dieu.

Eschevins.

N. H. Nicolas Chiron, ſieur de la Caziniere, ancien Juge Conſul.

N. H. Julien Mabille, Sieur du Rochereau, Avocat en la Cour, Senéchal de la Hunaudais & de Launay.

N. H. René Freſneau, ſieur de la Couronnerie, Conſeiller du Roy, & ancien Conſul.

N. H. Gabriel le Roy, ſieur de la Noë, Marchand.

N. H. Jacques Gauvain, ſieur des Ripotieres, Juge Conſul en Charge.

N. H. Rolland Guyton, Avocat en la Cour, Lieutenant, & ſecond Juge de la Juriſdiction du Chapitre de Nantes, Syndic.

Du Vendredy 11. *Juillet* 1687.

Maire.

Meſſire Guillaume de l'Iſle, Seigneur de la Nicolliere de la Verrie, & de la Gironniere, Conſeiller du Roy, & ſon premier Avocat au Siege Préſidial de Nantes, Juge Garde de la Monnoye, & l'un des Capitaines en Chef de cette Ville.

Sousmaire.

N. H. Julien Mabille, sieur du Rochereau, Avocat en la Cour, Senéchal de la Hunaudais & de Launay.

Eschevins.

N. H. René Fresneau, sieur de la Couronnerie, Conseiller du Roy, & ancien Consul.

N. H. Gabriel le Roy, sieur de la Noë, Marchand.

N. H. Jacques Gauvain, sieur des Ripotieres, Juge Consul.

N. H. Guillaume Giroust, Procureur au Siege Presidial de Nantes.

N. H. François Gauvain, sieur de la Perriere, ancien Juge Consul.

N. H. Rolland Guyton, Avocat en la Cour, Lieutenant, & second Juge de la Jurisdiction du Chapitre de Nantes, Syndic.

Du Mercredy 11. *Aoust* 1688.

Maire.

Messire Paul Cassard, Seigneur du Brossay, Fegreac, du Tertre, & du Port Lambert, Conseiller du Roy, Juge Magistrat Criminel au siege Presidial, Senéchaussée & Comté de Nantes, & Assesseur né de la Maréchaussée audit lieu.

Sousmaire.

N. H. Gabriel le Roy, sieur de la Noë, Marchand.

Eschevins.

N. H. Jacques Gauvain, sieur des Ripotieres, ancien Juge Consul.

N. H. Guillaume Girouft, sieur du Buté, Procureur au Siege Presidial de Nantes.

N. H. François Gauvain, sieur de la Perriere, ancien Juge Consul.

N. H. Germain Laurencin, ancien Juge Consul.

N. H. Jean Forget, sieur de l'Isle, Juge Consul.

N. H. Rolland Guyton, Avocat en la Cour, Lieutenant & second Juge de la Jurisdiction du Chapitre de Nantes, Syndic.

Du 26 Juillet 1689.

Maire.

Messire Paul Cassard, Seigneur du Bros,

ſay, Pegreac, du Tertre & du Port Lembert, Conſeiller du Roy, Juge Magiſtrat Criminel au ſiege Preſidial, Seneſchauſſée & Comté de Nantes, & Aſſeſſeur, né de la Maréchauſſée audit lieu.

Souſmaire.

N. H. Guillaume Girouſt, ſieur du Buaté, Procureur au Preſidial de Nantes.

Eſchevins.

N. H. François Gauvain, ſieur de la Perriere, ancien Juge Conſul.

N. H. Germain Laurencin, ancien Juge Conſul.

N. H. Jean Forget, ſieur de l'Iſle, Juge Conſul.

N. H. Pierre Boulonnais, ſieur des Places, Procureur au Siege & Seneſchal de la Juriſdiction de la Gaſcherie.

N. H. Pierre de la Lande, ſieur de la Begraiſiere, Notaire Royal à Nantes.

N. H. René Fouſchard, ſieur du Tremblay, Avocat en la Cour, Docteur és Loix, Syndic.

Du Mercredy 29. Aoûst 1691.

Maire.

Messire Pierre Noblet du Villo, Chevalier, Seigneur de Lespau, du Chasfau, & de la Bretesche, Conseiller du Roy en ses Conseils, & son Avocat General d'ancienne Création en la Chambre des Comptes de Bretagne.

Sousmaire.

N. H. Pierre Boulonnays, sieur des Places, Procureur au Siege Présidial de Nantes, & Senéchal de la Jurisdiction de la Gascherie.

Eschevins.

N. H. Pierre de la Lande, sieur de la Bégraisiere, Notaire Royal à Nantes.

N. H. François Bouchaud, sieur de Forestrie, ancien Juge Consul.

N. H. Nicolas du Teil, Notaire Royal à Nantes.

N. H. François Sauvaget, sieur de la Gaudiniere, Marchand.

N. H. André de la Ville, sieur de la Fouscherie, Lieutenant d'une des Compagnies de la Ville de Nantes.

Du vingt-neuf jour de Septembre 1692, Maturin le Courbe, Notaire Royal, &

Apostolique, pourvû de la Charge de Secretaire-Greffier Hereditaire de la Ville & Communauté de Nantes, & Garde des Archives d'icelles, par Lettres Patentes de Sa Majesté du 19. Juillet 1691. en consequence de l'Edit & Declaration du Roy du 28. Juillet 1690. portant Création de ladite Charge, a été reçû en l'exercice de ladite Charge, suivant la Sentence de Reception de Serment fait devant Monsieur l'Alloüé de Nantes en l'absence de Monsieur le Senéchal.

Du Mardy 30, *Septembre* 1692.

Maire.

Messire Pierre Noblet du Villo, Chevalier, Seigneur de Lespau, du Chaffau, & de la Bretesche, Conseiller du Roy en ses Conseils, & son Avocat General d'ancienne Création en la Chambre des Comptes de Bretagne.

Sousmaire.

N. H. François Bouchaud, sieur de la Forestrie, ancien Juge Consul.

Eschevins.

N. H. Nicolas du Teil, Notaire Royal à Nantes.

N. H. François Sauvaget, ſieur de la Gaudiniere, Marchand.

N. H. André de la Ville, ſieur de la Fouſcherie, ancien Juge Conſul, & Capitaine en chef d'une des Compagnies de cette Ville.

N. H. Jacques Hyacinte Bazillais, ſieur de Blottereau, Procureur au Preſidial de Nantes.

N. H. Jacques Bruneau. ſieur de la Salle, Procureur au Siége Préſidial de Nantes.

René d'Achon, ſieur du Pleſſix, du Houſſay, Docteur aux Droits, Avocat en Parlement, a été inſtalé en l'Office de Conſeiller, Procureur du Roy, & Syndic de la Ville, Mairie & Communauté de Nantes le quatorziéme jour de Decembre mil ſix cens quatre-vingt douze.

Du 28. Janvier 1693.

Maire.

René Minier, Conſeiller du Roy, & Aſſeſſeur de la Ville & Communauté de Nantes.

Du 22. Fevrier 1693.

Maire.

N. H. Pierre Loppes, Conseiller du Roy, & Assesseur de la Ville & Communauté de Nantes.

Du Dimanche 29. Mars 1693.

Maire.

N. H. Alexis Rolland, sieur de la Ploussiere, a été reçû à la Charge de Conseiller, Assesseur de la Ville & Communauté.

Du 22. Septembre 1693.

Maire.

Escuyer, Julien Proust, Seigneur du Port la Vigne, Conseiller du Roy, Maire perpetuel de la Ville & Communauté, á été reçû en Charge.

Du 5. de Janvier 1694.

A été reçû pour Eschevins.

N. H. Pierre Loppes, sieur du Rocher.

N. H. Auben Gendron, sieur de la Gendronniere, Avocat à la Cour, & Procureur au Siége.

Du 27. Juillet 1694.

A été reçû pour Eschevins.

N. H. Alexis Rolland, sieur de la Ploussiere.

N. H. Charles Nicolon, Procureur au Siége.

Du 4. Novembre 1694.

Eschevin.

N. H. François Frémont, sieur du Bouffay a été reçû en la Charge de Conseiller du Roy, Commissaire particulier aux Revûës & Logemens de Gens de Guerre.

Du 26. Juin 1695.

Eschevin.

N. H. Pierre Branlard, sieur de Launay a été reçû en la Charge de Conseiller du Roy, Receveur & Miseur ancien alternatif des deniers communs & droits de la Ville.

Du 27. Juin 1695.

A été reçû pour Eschevins.

N. H. Guillaume Guilloré, sieur de Corobert.

N. H. Denis le Cocq, Marchand.

Du 9. Octobre 16[illegible]

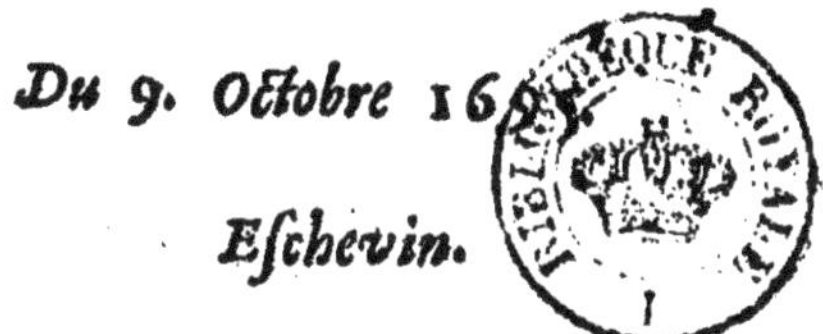

Eschevin.

Alexis Rolland, Conseiller du Roy & Assesseur de la Communauté de Nantes.

www.ingramcontent.com/pod-product-compliance
Ingram Content Group UK Ltd.
Pitfield, Milton Keynes, MK11 3LW, UK
UKHW021542260726
13993UKWH00002B/578